微课版

经济管理中的人工智能：技术与应用

主　编 / 蒋志强　张　璟

大连理工大学出版社
Dalian University of Technology Press

图书在版编目(CIP)数据

经济管理中的人工智能 ：技术与应用 / 蒋志强，张璟主编. -- 大连 ：大连理工大学出版社，2025. 8.（2025. 8 重印）

ISBN 978-7-5685-5920-1

Ⅰ. F2-39

中国国家版本馆 CIP 数据核字第 2025PA5093 号

大连理工大学出版社出版

地址:大连市软件园路 80 号　　邮政编码:116023

营销中心:0411-84708842　84707410　　邮购及零售:0411-84706041

E-mail:dutp@dutp. cn　　URL:https://www. dutp. cn

大连天骄彩色印刷有限公司印刷　　大连理工大学出版社发行

幅面尺寸:185mm×260mm　　印张:10. 5　　字数:223 千字

2025 年 8 月第 1 版　　2025 年 8 月第 2 次印刷

责任编辑:王　洋　　责任校对:张　娜

封面设计:方　茜

ISBN 978-7-5685-5920-1　　定　价:42. 00 元

本书如有印装质量问题，请与我社营销中心联系更换。

前言

人工智能技术正在以前所未有的速度重塑全球经济与社会的运行逻辑，在这一进程中，我国人工智能发展始终坚持以人民为中心的价值导向，从智能投顾的精准决策到供应链的动态优化，从个性化营销的深度渗透到人力资源管理的范式革新，人工智能已成为经济管理领域不可或缺的驱动力。面对这一变革浪潮，经济管理类专业学生亟须在掌握技术应用的同时，深刻理解中国特色社会主义市场经济背景下科技创新的使命与担当，构建对人工智能技术的系统认知，理解其在商业场景中的价值创造逻辑与伦理边界。

为何编写本教材?

当前，人工智能教育多聚焦于技术层面的算法推演，却鲜少回应经济管理学科的核心关切：人工智能如何在服务国家战略需求中重构经济管理中的应用与决策范式？如何践行科技向善理念平衡效率提升与伦理风险？如何在专业学习初期建立兼具家国情怀的技术思维与商业观察的融合能力？本教材以“案例驱动、问题导向”为原则，精选我国企业在智慧金融、乡村振兴等领域的创新实践，将人工智能的技术原理与经济管理实践深度融合，帮助学生在真实案例情境中理解人工智能的赋能路径。

本教材特色：

案例驱动——每章均配有引导案例，引导学生将理论与实践结合；

习题设计——覆盖基础概念理解、算法原理演示与应用思考，助力学生巩固知识；

伦理与治理贯穿始终——强调技术责任，培养学生的社会责任感。

本教材由蒋志强、张璟任主编，徐钊、寇明龙任副主编。具体编写分工如下：蒋志强编写第 1 章至第 4 章、第 10 章和第 11 章，张璟编写第 5 章至第 7 章、第 12 章，徐钊编写第 8 章，寇明龙编写第 9 章。全书由蒋志强统稿。

我们期望通过本教材的学习，学生能够掌握人工智能的基本原理，了解其在经济管理领域的多维度应用,同时培养批判性思考能力,为适应当下以及未来职业发展奠定坚实基础。

本教材是落实新文科建设与课程思政要求的探索性成果,也是对经济管理中的人工智能应用的一次尝试。囿于水平,教材中可能会有疏漏与不妥之处,恳请各位专家和读者批评指正,以使教材日臻完善。

编　者

2025 年 8 月

所有意见和建议请发往:dutpbk@163.com

欢迎访问高教数字化服务平台:https://www.dutp.cn/hep/

联系电话:0411-84707019

目　录

第一篇　基础篇

第二篇　应用篇

第三篇　实践篇

第一篇

基础篇

第1章 人工智能概述

本章学习目标

1. 掌握人工智能的定义与核心要素；
2. 了解人工智能的发展历程；
3. 了解图灵测试与达特茅斯会议；
4. 掌握人工智能的主要流派；
5. 熟悉人工智能的分类与应用领域。

案例导入

人工智能助力保险欺诈检测

近年来，虚假报案、夸大损失等保险欺诈案件时有发生，给保险公司带来了巨大损失。保险理赔的传统方法往往依赖于人工审核，效率低下且容易出错。人工智能出现以后，保险公司利用自然语言处理和图像识别等人工智能技术，对保险报案信息进行自动分析。系统能够识别出报案信息中的不一致性、矛盾点或异常模式，这些可能是欺诈行为的线索。通过人工智能欺诈检测系统，保险公司能够更快速地识别欺诈行为，提高审核效率，同时减少欺诈损失，保护消费者权益。

1.1 人工智能的定义与核心要素

人工智能(Artificial Intelligence，AI)，作为计算机科学的一个重要分支，旨在探索、开发能够模拟、延伸甚至超越人类智能的理论、方法和技术。它不仅是一个单一的学科领域，而是涵盖了数学、语言学、神经科学、管理学等多个子领域和研究方向的综合性学科。人工智能的研究目标是创造出能以类似于人类智能方式响应的智能机器，这些机器能够执行通常需要人类智能才能完成的学习、推理、问题解决、知识表示、规划、自然语言处理、感知、模式识别以及创造等任务。

1.1.1 人工智能的定义

从广义上讲，人工智能可以被定义为一种使机器能够模仿或执行人类智能行为的技术。包括对环境进行感知、理解、推理、学习、决策以及采取行动等一系列复杂过程。人工智能不仅局限于简单的计算或自动化任务，它更侧重于模拟人类的思维方式和智能行为，使机器能够在复杂多变的环境中自主地、灵活地应对各种问题。

一般认为，人工智能是对人类智能的模仿、拓展与延伸。具体来说，人工智能的目标是让机器具备以下能力：

感知能力：通过传感器等设备获取外界信息，并进行处理和解释；

理解能力：对获取的信息进行深加工，提取出有用的知识和信息；

推理能力：根据已有的知识和信息进行逻辑推理，得出新的结论或预测；

学习能力：通过不断的学习和实践，积累新的知识和经验，提高智能水平；

决策能力：在复杂的环境中，根据当前的情况和目标，制订出最优决策方案；

行动能力：根据决策结果，采取相应的行动，实现预期目标。

1.1.2 人工智能的核心要素

人工智能的核心要素主要包括数据、算法、算力和应用场景。这四个要素相互关联、相互支撑，共同构成了人工智能技术的基石。

1. 数据

数据是人工智能的基础。在人工智能领域，数据被视为“新的石油”，是驱动算法学习、优化和决策的关键资源。高质量、大规模、多样化的数据集对于训练有效的人工智能模型至关重要。数据不仅用于初始训练，还在模型迭代优化、性能评估和实际应用中持续发挥作用。数据的收集、清洗、标注、存储和管理构成了人工智能项目中的重要环节，直接影响到后续算法的效果和准确性。

2. 算法

算法是人工智能的灵魂，它定义了如何从数据中提取信息、学习规律、做出预测或决策。算法的选择和设计直接决定了人工智能系统的性能、效率和可扩展性。从传统的机器学习算法如决策树、支持向量机，到现代的深度学习算法如卷积神经网络、循环神经网络和生成对抗网络，算法的进步极大地推动了人工智能的发展。算法的创新与性能优化是提升人工智能系统智能化水平的关键。

3. 算力

算力是支撑人工智能算法运行的硬件基础。随着算法复杂度的增加，对算力资源的需求也日益增长。高性能计算、图形处理单元、现场可编程门阵列以及云计算和边缘计算技术的发展，为人工智能提供了强大的计算支持。算力的提升不仅加速了算法的训练和推理过程，还使得更复杂的模型应用成为可能，推动了人工智能在更多领域的应用。

4. 应用场景

应用场景是人工智能技术的落地实践，是技术价值实现的最终环节。人工智能技术的应用场景广泛，涵盖了智能制造、智能交通、智能医疗、金融服务、教育娱乐等多个领域。不同的应用场景对人工智能技术的需求各异，要求算法和模型能够针对特定问题进行定制和优化。应用场景的拓展和深化，不仅推动了人工智能技术的创新，也促进了相关产业的转型升级。

数据、算法、算力和应用场景的关系如图 1-1 所示。

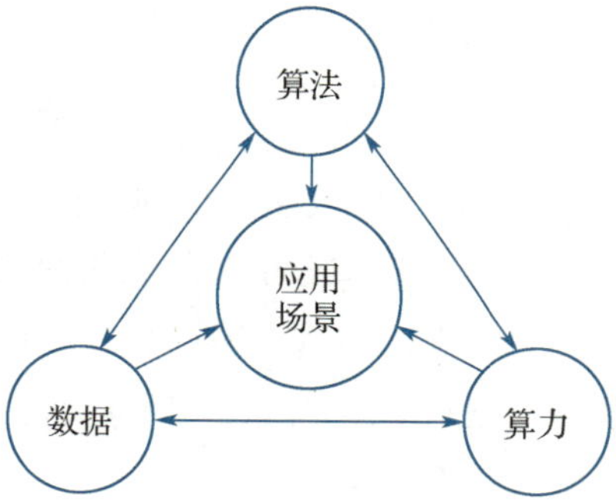

图 1-1　人工智能核心要素的关系

1.2　人工智能的发展历程与主要流派

1.2.1　人工智能的发展历程

微 课： AI 奠基人：图灵、麦卡锡与先驱群像

1. 初步探索与早期发展(20 世纪 50 年代—70 年代)

在人工智能的初步探索阶段，科学家们尝试使用计算机来模拟人类的智能行

为。艾伦·图灵作为计算机科学家、数学家、逻辑学家、密码分析学家以及理论生物学家,在1950年提出了著名的“图灵测试”。“图灵测试”的目的是考察机器是否具备人类智能,为人工智能的发展奠定了基础。艾伦·图灵被人们认为是“计算机科学之父”“人工智能之父”。

随后,美国计算机科学家等专家学者组织召开了达特茅斯会议,约翰·麦卡锡在会议上提出了“人工智能”这一术语,标志着人工智能学科的诞生。约翰·麦卡锡于1971年获得图灵奖,也被称为“人工智能之父”。

在这个阶段,人工智能的研究主要集中在逻辑推理、问题求解、棋类游戏等领域。例如,IBM的“深蓝”计算机在1997年击败了国际象棋世界冠军加里·卡斯帕罗夫,展示了人工智能在逻辑推理和问题求解方面的强大能力。

然而,由于当时计算机技术的限制和算法的不成熟,人工智能的发展遇到了很大的困难。许多早期的人工智能系统只能处理简单的问题,且效率低下、成本高昂。因此,在20世纪70年代末期,人工智能的研究陷入了低谷期。

2. 知识工程与专家系统(20世纪80年代—90年代)

20世纪80年代,随着计算机技术的快速发展和算法的不断改进,人工智能迎来了新的发展机遇。知识工程和专家系统成为这个阶段的主要研究方向。知识工程是将人类的知识和经验形式化、结构化,并存储在计算机中,以便机器能够利用这些知识进行推理和决策;专家系统是知识工程的一个重要应用,它模拟人类专家的决策过程,为特定领域的问题提供解决方案。

在这个阶段,许多成功的专家系统被开发出来,并在医疗、金融、制造等领域得到了广泛应用。例如,MYCIN是一个用于诊断血液感染疾病的专家系统,它能够根据患者的症状和病史,提供合适的抗生素治疗方案。专家系统的成功应用,展示了人工智能在解决实际问题方面的巨大潜力。

3. 机器学习与深度学习(2000年至今)

进入21世纪后,随着大数据的兴起和计算能力的飞速提升,机器学习尤其是深度学习成为人工智能发展的主要驱动力。机器学习使得机器能够从数据中自动学习并改进其性能,而深度学习则通过构建深层神经网络来模拟人脑的学习和处理过程。

在此阶段,人工智能在图像识别、语音识别、自然语言处理等领域取得了显著进展。卷积神经网络在图像识别领域取得了突破性成果,能够准确地识别和分析图像中的物体和场景。循环神经网络和长短时记忆网络等模型则在语音识别和自然语言处理领域取得了重要进展,使得机器能够理解和生成人类语言。

同时,人工智能也开始广泛应用于各个领域和行业中。在智能制造、智能交通、智能医疗等领域,人工智能技术正在推动着产业的转型升级和智能化发展。例如,在智能制造领域，人工智能技术可以实现生产过程的自动化、智能化和柔性化，提高生产效率和产品质量；在智能交通领域，人工智能技术可以优化交通流量、提高道路安全性和减少交通拥堵；在智能医疗领域，人工智能技术可以辅助医生进行疾病诊断、制订治疗方案和提供个性化医疗服务。

此外，随着人工智能技术的不断发展和应用，也涌现出一些新的研究方向和领域。例如，强化学习是机器学习中的一个重要分支，它通过与环境的交互来学习最优策略，在游戏、机器人控制等领域取得了显著成果。生成对抗网络是一种新的深度学习模型，它能够生成逼真的图像、音频和视频等数据，为创意产业和虚拟现实等领域提供了新的可能性。

在人工智能的发展历程中，还伴随着一些重要的挑战和争议。其中，数据隐私和安全问题是人工智能应用中最受关注的问题之一。由于人工智能系统需要大量的数据来进行训练和学习，因此如何保护用户的隐私和数据安全成为一个重要的挑战。此外，人工智能的伦理和道德问题也引起了广泛的关注和讨论。例如，自主驾驶汽车的决策算法在面临紧急情况时应该如何做出选择，以及人工智能系统是否应该拥有自主意识和权利等问题都需要进一步探讨和研究。为应对这些挑战和争议，科学家们正在不断探索新的技术和方法来提高人工智能的安全性和可靠性。例如，差分隐私和同态加密等技术可以用于保护用户隐私和数据安全；可解释性人工智能和公平性人工智能等研究旨在提高人工智能系统的透明度和公正性。

总之，人工智能作为一门综合性的科学，已经经历了多年的发展历程，并在各个领域和行业中得到了广泛的应用。随着技术的不断进步和应用场景的不断拓展，人工智能将继续推动着社会的进步和发展。然而，人们也需要关注人工智能带来的挑战和争议，并积极探索新的技术和方法来应对这些问题。在未来的发展中，人们需要保持开放和包容的态度，加强跨学科合作和创新，推动人工智能技术的可持续发展和应用。

1.2.2 人工智能的主要流派

人工智能自被正式提出以来，不同学者对其有着不同的见解，逐渐形成了具有代表性的三大学派。

1. 符号主义学派

符号主义学派是人工智能的早期和主流学派之一。符号主义学派的思想源头和理论基础是定理证明，自动定理证明起源于逻辑，初衷就是把逻辑演算自动化。符号主义学派认为人工智能源于数理逻辑，主张用某种符号来表示世界，认为世界是由个体（符号的集合）间的关系构成的。符号主义学派把知识表示成离散的符号集合，然后通过推理和搜索方法求解问题。主要成果包括专家系统、知识工程等。其中，专家系统是符号主义学派的一个重要应用，它利用人类专家的知识和经验进行推理和判断。符号主义学派的代表性成果是IBM超级计算机“深蓝”，它曾打败国际象棋世界冠军卡斯帕罗夫。随着日本第五代计算机项目的失败和互联网催生的电子商务的兴起，专家系统逐渐失去了主流地位，转变为了规则引擎。目前，符号主义学派仍然集中于研究推理、规划、知识表示等类智能的高级行为，但已经很少有独立的专家系统公司了。

2. 连接主义学派

连接主义学派的理论基础是神经科学，它试图模仿人类的神经元，用神经网络的连接机制实现人工智能。因此，连接主义学派又被称为仿生学派或生理学派，认为人工智能源于仿生学。该学派主张通过神经网络及神经网络间的连接机制与学习算法的结合来建立人工智能系统。其主要成果包括感知机、反向传播算法、深度学习等。其中，深度学习是连接主义学派的一个重要分支，它通过模拟人脑神经网络的层次结构，实现了对图像、语音等复杂数据的处理和分析。例如，AlphaGo是连接主义学派的一个代表性成果，它曾战胜世界围棋高手柯洁。目前，深度学习已经被广泛应用于图像识别、语音识别、智能推荐等多个领域。连接主义学派的发展经历了起起伏伏。1957年，康奈尔大学的罗森布拉特创立了感知机模型，但随后由于明斯基等人的批评和政府资助的减少，神经网络研究进入了长达二十年的低潮期。1982年，霍普菲尔德提出神经网络模型后，神经网络研究再次兴起。随着硬件技术的发展和大数据的积累，深度学习逐渐成为人工智能时代的主流。

3. 行为主义学派

行为主义学派的理论基础是控制论和进化论，它试图从模拟动物的“感知—动作”开始，最终复制出人类的智能。行为主义学派又被称为进化主义或控制论学派，认为智能取决于感知和行动。该学派主张智能行为的基础是“感知—动作”模式，智能不需要知识、表示和推理，只要能与环境进行交互并能有效适应环境就可以了。

行为主义学派的主要成果包括进化算法、多智能体系统以及一系列机器人控制系统。例如，四足机器人“大狗”就是行为主义学派的一个代表性成果。行为主义学派在20世纪80年代以前一直处于被符号主义学派和连接主义学派所掩盖的地位。然而，随着20世纪末智能取决于感知与行为以及对外界环境的自适应能力的观点的提出，行为主义逐渐成为一个新的学派。目前，行为主义学派在机器人技术、自动驾驶等领域取得了显著进展。

人工智能的三大流派彼此扬长补短，共同推动着人工智能技术的不断发展和进步。

1.3 人工智能的分类

1.3.1 按技术能力分类

人工智能可以根据不同的标准进行分类，从技术能力角度，将人工智能分为弱人工智能和强人工智能。

1. 弱人工智能

弱人工智能又称狭义人工智能，是指专注于并擅长特定任务的人工智能系统。这类系统通常只能处理预先定义好的问题，缺乏全面的自我意识和理解能力。弱人工智能在各个领域都有广泛应用。在智能制造领域，机器学习可以优化生产流程，提高生产效率和产品质量。可以利用计算机视觉进行质量检测，减少人工干预。在智能交通领域，深度学习可以进行交通流量预测，优化路线规划。图像识别技术可以实现自动驾驶汽车的障碍物检测和行人识别。在智能医疗领域，自然语言处理可以进行病历分析和疾病诊断。利用机器学习还可以预测疾病风险和治疗效果。在金融服务领域，机器学习可以进行信用评估和风险管理，同时还可以利用自然语言处理进行金融新闻分析和市场情绪监测。在教育娱乐领域，推荐系统为用户提供个性化的学习资源和娱乐内容，通过语音识别和合成技术实现智能语音助手和虚拟角色交互。

2. 强人工智能

强人工智能又称广义人工智能，是指具有与人类智能相当的能力，能够执行任何智力任务的人工智能系统。这类系统不仅具备感知、学习、推理等能力，还能理解复杂的情境和抽象的概念，甚至具备创造力和自我意识。尽管目前强人工智能还未完全实现，但它是人工智能研究的长期目标。在科学研究领域，强人工智能可以辅助科学家进行复杂的实验设计和数据分析，加速科学发现的进程；在社会治理领域，通过模拟和预测社会现象，强人工智能可以为政府决策提供科学依据，提高社会治理的效率和公平性；在文化创意领域，强人工智能可以创作出具有独特风格和情感的艺术作品，丰富人类的文化生活；在个人助理服务方领域，强人工智能可以作为全面的个人助理，帮助用户管理日程、处理信息、提供建议，甚至进行情感交流。

除了上述特定领域的应用外，人工智能还在多个领域之间形成交叉应用，如智慧城市、智慧农业、智慧物流等。这些跨领域应用通过整合不同领域的数据和技术，实现更高效、更智能的服务和管理。例如，智慧城市利用物联网、大数据和人工智能技术，实现城市交通、能源、环境等领域的智能化管理；智慧农业通过精准农业技术，提高农作物的产量和质量；智慧物流利用人工智能技术优化物流路径和配送计划，降低物流成本和提高效率。

1.3.2 按实现方法分类

按照实现方法分类，人工智能可以分为基于规划的人工智能、基于统计的人工智能、基于混合方法的人工智能。

1. 基于规则的人工智能

基于规则的人工智能依赖于预先定义的规则和逻辑来模拟人类智能。早期的专家系统就是基于规则的人工智能的一个典型例子。专家系统通过模拟人类专家的决策过程，为特定领域的问题提供解决方案。然而，基于规则的人工智能在处理复杂问题和不确定性问题时存在一定的局限性。

2. 基于统计的人工智能

基于统计的人工智能利用大量的数据和统计模型来训练机器，使其能够自动地从数据中学习并做出决策。机器学习是基于统计的人工智能的一个核心应用领域，它通过算法和模型来识别数据中的模式和规律，并用于预测和分类等任务。深度学习是机器学习的一个子领域，它利用深层神经网络来模拟人脑的学习和处理过程，取得了显著成果。

3. 基于混合方法的人工智能

基于混合方法的人工智能结合了基于规则和基于统计的方法，充分利用了两者的优势。基于混合方法的人工智能系统通常具有更高的灵活性和适应性，能够更好地应对复杂和多变的环境。例如，某些智能推荐系统既利用基于规则的过滤方法，又利用基于统计的协同过滤方法，以提供更准确和个性化的推荐结果。

1.3.3 按技术架构分类

按照技术架构分类，人工智能可以分为集中式人工智能、分布式人工智能、云计算与边缘计算结合的人工智能。

1. 集中式人工智能

集中式人工智能将所有智能功能集中在一个中心节点或服务器上，由该节点或服务器负责处理所有的数据和决策。这种架构适用于小规模、简单的应用场景，但可能面临单点故障和性能瓶颈等问题。

2. 分布式人工智能

分布式人工智能将智能功能分散到多个节点或服务器上，通过协同工作解决复杂任务。这种架构提高了系统的可扩展性和可靠性，但需要解决数据同步、通信成本等问题。

3. 云计算与边缘计算结合的人工智能

随着云计算和边缘计算技术的发展，人工智能系统也开始采用这两种技术结合的方式。云计算提供了强大的计算能力和存储资源，可以处理大规模的数据和复杂的任务；边缘计算则可以将部分计算任务下放到终端设备上，减少数据传输延迟，提高响应速度。这种结合方式可以充分发挥两种技术的优势，提高人工智能系统的性能和效率。

课后习题

1. 什么是人工智能？
2. 人工智能的核心要素是什么？
3. 人工智能有哪些流派？
4. 人工智能是如何进行分类的？
5. 简述人工智能发展历程。

第2章 人工智能的关键技术

本章学习目标

1. 掌握人工智能技术的分类体系；
2. 掌握机器学习的定义与核心术语；
3. 熟悉机器学习的分类；
4. 掌握线性回归的基本算法原理；
5. 掌握决策树的基本算法原理；
6. 掌握支持向量机的基本算法原理；
7. 掌握K均值聚类的基本算法原理；
8. 掌握强化学习的基本算法原理；
9. 熟悉机器学习的训练过程；
10. 掌握深度学习的基本算法原理；
11. 了解自然语言处理基本概念与算法原理；
12. 了解计算机视觉基本概念与算法原理；
13. 了解知识图谱基本概念与算法原理；
14. 了解人工智能前沿技术发展趋势。

案例导入

案例1:百度火星车数字人"祝融号"

应用百度智能云设计的轻量深度神经网络模型以及国内首创的基于高精度4D扫描的口型预测技术等先进技术创造了人工智能数字人。主要应用于知识科普、虚拟主持等场景，展示了机器学习在数字人创造和交互方面的应用潜力。

案例2:西安市"12345"市民热线智慧政务解决方案

基于自然语言处理技术的智能问答、知识库管理等，政务服务热线的智能化升级，提高了政务服务效率，提升了用户体验。

案例3:智慧聊城"城市大脑"

以城市大数据为基础,结合计算机视觉技术构建感知设施统筹、数据统管等智能化支撑体系。主要应用于城市管理、数据汇聚、生态环境监测等领域,实现了城市运行状态的全面感知和高效智能管理。

正如第一章所阐述的那样,人工智能核心要素包括数据、算法、算力与应用场景,它们"四位一体",相互关联,相互支撑,共同发挥作用。在技术层面上,人工智能技术体系庞大,技术主要围绕数据、算法、算力展开。事实上,人工智能的关键技术涉及多个领域,涵盖从基础算法到实际应用的全链条技术,具体包括机器学习、深度学习、自然语言处理、计算机视觉与知识图谱等核心技术,大数据技术、优化算法和联邦学习等支撑技术以及机器人技术、语音识别与合成、推荐系统、自动驾驶和生成式人工智能等应用技术。本章重点选择机器学习、深度学习、自然语言处理、计算机视觉和知识图谱等代表性关键技术进行阐述与讲解。

2.1 机器学习

2.1.1 机器学习的定义与核心术语

微课: **AI技术的分类体系**

1. 机器学习的定义

机器学习(Machine Learning,ML)是人工智能的一个重要分支,它赋予了计算机系统在不进行明确编程的情况下从数据中学习和改进的能力。简单来说,机器学习就是让计算机通过分析大量数据,自动发现数据中的规律和模式,并利用这些规律进行预测或决策。例如,当你在电商平台上浏览商品时,系统会根据你的浏览历史和购买行为,为你推荐可能感兴趣的商品,这就是机器学习在推荐系统中的应用。

2. 机器学习的核心术语

机器学习的核心术语主要包括数据集、模型、算法以及训练与测试。

(1)数据集

数据集是机器学习的基石,它包含了用于训练和测试模型的大量数据样本。每个样本通常由多个特征(属性)和一个目标变量(标签)组成。在预测房价的问题中,房屋面积、卧室数量、地理位置等是特征,而房价是目标变量。数据集可以分为训练集、验证集和测试集三种类型。训练集是指训练模型的数据;验证集是指用于调整模型参数的数据;测试集是指用于评估模型性能的数据。

(2)模型

模型是机器学习的核心,它通过学习数据中的规律来对新数据进行预测或分类。模型可以看作一个数学函数,它将输入的特征映射到输出的目标变量。不同的机器学习算法会生成不同类型的模型,如线性回归模型、决策树模型、聚类模型以及降维模型等。

(3)算法

算法是机器学习的工具,它定义了如何从数据中学习模型。常见的机器学习算法包括线性回归、支持向量机等监督学习算法,聚类、主成分分析等无监督学习算法以及强化学习等算法。

(4)训练与测试

训练是机器学习的关键步骤,模型通过在训练数据集上学习数据的规律来构建。测试则是评估模型性能的过程,通过在测试数据集上运行模型,了解模型在未见过的数据上的表现,从而判断模型的泛化能力。

2.1.2 机器学习的分类与典型算法

微课: 最小二乘法的推导

1. 机器学习的分类

(1)监督学习

监督学习是最常见的机器学习类型,它需要一个带有标签的数据集。模型通过学习输入特征与目标标签之间的关系来构建。例如,在回归问题中,模型需要预测一个连续的值(如房价);在分类问题中,模型需要区分不同类别(如垃圾邮件和非垃圾邮件)。

①回归算法

线性回归是最基础的回归算法,它假设输入特征与目标变量之间存在线性关系。通过找到最佳拟合直线，模型可以对新数据进行预测。例如，根据房屋面积预测房价。

②分类算法

常见的分类算法包括决策树、朴素贝叶斯、支持向量机等。以决策树为例，它通过一系列的条件判断将数据分为不同的类别，就像一棵树的分支，每个分支代表一个条件判断，叶子代表类别。

(2)无监督学习

无监督学习处理的是没有标签的数据集，它的目标是发现数据中的隐藏结构或模式。常见的无监督学习任务包括聚类、降维。

①聚类算法

聚类算法将数据分为不同的簇，使得同一簇内的数据相似度较高，不同簇之间的相似度较低。K 均值聚类是最常用的算法之一，它通过迭代优化将数据分为 K 个簇，每个簇由其质心（中心点）表示。

②降维算法

降维算法用于减少数据的维度，同时保留数据的主要信息。主成分分析是一种经典的降维算法，它通过找到数据的主要成分（即方差最大的方向）来降低维度，常用于数据可视化和特征提取。

(3)其他学习方式

机器学习除了监督学习和非监督学习以外，还包括半监督学习、自监督学习以及强化学习等。半监督学习介于监督学习和无监督学习之间，它利用少量标注数据和大量未标注数据联合训练模型，提升模型性能。自监督学习是一种无须人工标注标签的学习方法，通过从数据本身自动生成的监督信号来训练模型。

强化学习是一种通过与环境交互来学习的机器学习类型。智能体在环境中采取行动，根据环境的反馈（奖励或惩罚）来调整自己的行为策略，以最大化长期奖励。例如，AlphaGo 就是通过强化学习与自己对弈，不断优化策略，最终击败人类围棋冠军。

2. 机器学习的典型算法

(1)线性回归

线性回归假设输入特征与目标变量之间存在线性关系，其目标是找到最佳的线性模型来拟合数据。数学上，线性回归模型可以表示为

$$y_i=\beta_1 x_{i1}+\beta_{i2} x_{i2}+\cdots+\beta_p x_{ip}+\varepsilon_i(i=1,\cdots,n) \tag{2.1}$$

式(2.1)中，$\beta_1\cdots\beta_p$ 是模型参数，ε_i 是误差项。通过最小化损失函数（如均方误差），可以求解出最佳的参数值。

为理解方便，以仅有一个特征变量（属性）和一个目标变量（标签）的一元回归为

例，其主要任务是使用训练集$\{x_i, y_i\}_{i=1}^n$来估计$y_i=\alpha+\beta x_i$。基本思路为，在(x, y)平面内找到一条最佳拟合直线，使得训练集$\{x_i, y_i\}_{i=1}^n$的所有观测点到拟合线距离最近，如图 2-1 所示。

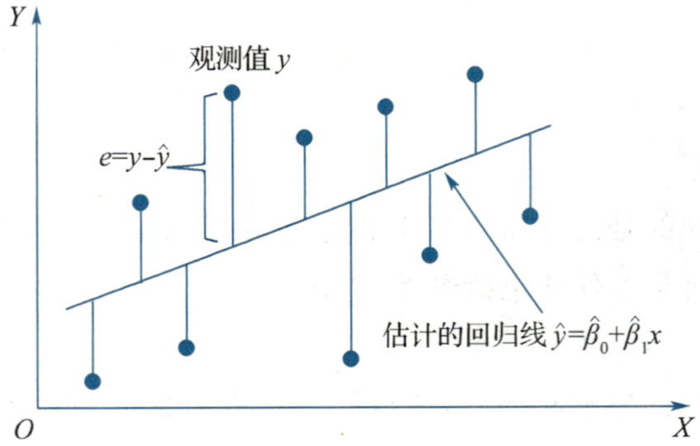

图 2-1　线性回归基本原理

如何找到这样一条直线，使得训练集样本中所有观测点到这条直线的距离最近，很自然地想到，样本中所有实际值 y 与估计值$\hat{y}$的差值 e_i 之和最小，就可以实现这一目标。但是，可以清晰地看到，残差 e_i 存在有正有负的现象，如果将残差 e_i 直接相加，即 $\sum_{i=1}^{n} e_i$，会出现正负相抵的问题。解决这个问题的方法之一是将残差 e_i 的平方求和，即 $\sum_{i=1}^{n} e_i^2=\sum_{i=1}^{n}(y_i-\widehat{\beta}_0-\widehat{\beta}_1 x_i)^2$，也就是残差平方和。选择$\widehat{\alpha}$、$\widehat{\beta}$使得残差平方和最小，最小二乘法的数学表达式为

$$\min_{\widehat{\alpha}, \widehat{\beta}} \sum_{i=1}^{n} e_i^2=\sum_{i=1}^{n}(y_i-\widehat{\beta}_0-\widehat{\beta}_1 x_i)^2 \tag{2.2}$$

求解式(2.2)，得到参数$\widehat{\beta}_0$ 和$\widehat{\beta}_1$ 的估计值，进而得到估计的直线方程，进一步使用验证集数据调整模型参数$\widehat{\beta}_0$ 和$\widehat{\beta}_1$，使用测试集数据评估模型性能。

推而广之，在多元回归的情况下，向量形式可以表示为

$$\boldsymbol{y}_i=x'_i\beta+\varepsilon_i(i=1, \cdots, n) \tag{2.3}$$

其中，特征向量 $\boldsymbol{x}_i\equiv(x_{i1}, x_{i2}, \cdots, x_{ip})'$，参数向量 $\boldsymbol{\beta}\equiv(\beta_1\beta_2\cdots\beta_p)'$。

矩阵形式为

$$\boldsymbol{y}=\boldsymbol{X\beta}+\boldsymbol{\varepsilon} \tag{2.4}$$

式(2.4)中，向量 $\boldsymbol{y}\equiv(y_1 y_2\cdots y_n)'$，数据矩阵 $\boldsymbol{X}\equiv(x_1 x_2\cdots x_n)'$，残差向量 $\boldsymbol{\varepsilon}\equiv(\varepsilon_1\varepsilon_2\cdots\varepsilon_n)'$。

二元线性回归如图 2-2 所示。

从几何意义来看，二元线性回归就是在三维空间内，找到一个平面，使得三维空间训练集的数据到这个平面的距离之和最短。更进一步地，n 元回归就是在 $n+1$ 维空间里找到一个超平面，使得训练集样本数据到超平面的距离之和最短。

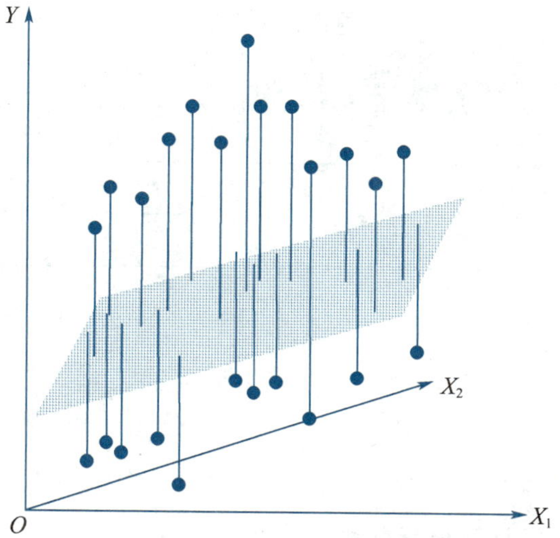

图 2-2　二元回归示意图

(2)决策树

决策树是一种基于树结构的模型,它通过一系列的条件判断将数据分为不同的类别或预测目标值。每个内部节点代表一个条件判断,每个叶节点代表一个类别或预测值。决策树的构建过程包括信息增益、基尼系数的特征选择和树的剪枝。

决策树核心思想是将数据按照特征分割,直到样本纯净或达到停止条件。关键的问题是,如何选择最优分割特征?答案是使用不纯度指标量化分割效果。

不纯度指标计算公式为

①信息熵(Entropy)

$$Entropy(D)=-\sum_{k=1}^{K}p_k\log_2 p_k \tag{2.5}$$

式(2.5)中,D 表示当前节点的数据集;p_k 为第 k 类样本占比。

②基尼系数(Gini Index)

$$Gini(D)=1-\sum_{k=1}^{K}p_k^2 \tag{2.6}$$

式(2.6)中字母含义同式(2.5)。一般认为,基尼系数比信息熵更为有效,基尼系数在实际应用中更为广泛。

③信息增益(Information Gain)

$$Gain(D,A)=Entropy(D)-\sum_{v=1}^{V}\frac{|D_v|}{|D|}Entropy(D_v) \tag{2.7}$$

式(2.7)中,A 表示候选特征(如收入大于 50 万元);D_v 表示按照特征 A 分割后的子集。式 2.7 中的信息熵可以替换成基尼系数。

下面以某超市预测顾客是否会购买高端酸奶为例,阐释决策树基本算法原理。表 2-1 是 7 位顾客的历史消费数据。

表 2-1　　顾客消费数据

顾客 ID	年龄/岁	收入/(万/年)	是否会员	是否购买酸奶
1	25	18	否	否
2	30	25	是	是
3	45	60	是	是
4	28	22	否	否
5	50	80	是	是
6	35	30	是	否
7	40	45	否	是

首先，使用式(2.6)计算根节点基尼系数。

总样本 7 人，4 人购买，3 人未购买。因此，基尼系数为

$$Gini(D)=1-\left(\frac{4}{7}\right)^2-\left(\frac{3}{7}\right)^2\approx 0.490$$

其次，按照数据特征进行分割。

按照收入是否超过 30 万元为标准展开，左子节点(收入>30 万元)，3 号顾客(收入 60 万元)、5 号顾客(收入 80 万元)和 7 号顾客(收入 45 万元)都购买了高端酸奶，此时，$Gini_{左}=1-\left(\frac{3}{3}\right)^2-\left(\frac{0}{3}\right)^2=0$。右子节点(收入≤30 万元)，1 号顾客(收入 18 万元)、4 号顾客(收入 22 万元)以及 6 号顾客(收入 30 万元)都没有购买高端酸奶，而 2 号顾客(收入 25 万元)购买了高端酸奶，此时 $Gini_{右}=1-\left(\frac{1}{4}\right)^2-\left(\frac{3}{4}\right)^2=0.375$。进一步计算加权基尼系数，$Gini=\frac{3}{7}\times 0+\frac{4}{7}\times 0.375\approx 0.214$。信息增益为 $0.490-0.214=0.276$。

以上是以收入是否超过 30 万元为标准分割，下面按照是否为会员进行分割。左子节点(是会员)，2 号顾客、3 号顾客、5 号顾客以及 6 号顾客均为超市会员，2 号顾客、3 号顾客和 5 号顾客购买了高端酸奶，而 6 号顾客未购买酸奶。此时 $Gini_{左}=1-\left(\frac{3}{4}\right)^2-\left(\frac{1}{4}\right)^2=0.375$。右子节点(非会员)，1 号顾客、4 号顾客和 7 号顾客均为非会员，但是 7 号顾客购买了高端酸奶，1 号顾客和 4 号顾客未购买高端酸奶，此时 $Gini_{右}=1-\left(\frac{1}{3}\right)^2-\left(\frac{2}{3}\right)^2\approx 0.444$。进一步计算加权基尼系数，$Gini=\frac{4}{7}\times 0.375+\frac{3}{7}\times 0.444\approx 0.405$。信息增益为 $0.490-0.405=0.085$。

显而易见，以收入高低和是否为会员分割的信息增益是不同的。明显地，以收

入为特征的信息增益更大。因此，就本例而言，根节点选择收入特征作为分割点更为合理。

再次，递归分割子节点。

左子节点(收入>30万元)已纯净(全部购买)，无须进行进一步分割。右子节点(收入≤30万元)尝试按照年龄大小或者是否为会员继续分割，重复以上工作，比较信息增益大小，选择分割点。

最后，建立决策树。

根据以上内容的分析，建立以下决策树(图2-3)。

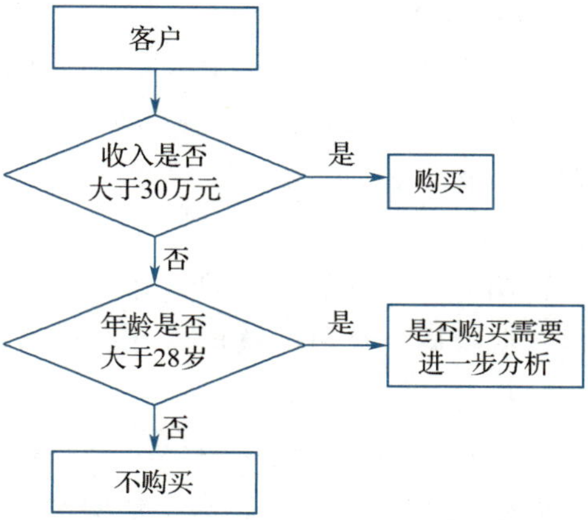

图2-3 顾客是否购买酸奶的决策树流程

从图2-3可以看出，超市超市可对于收入≤30万且年龄>28岁的顾客推送优惠券促进购买，如图2-3所示。这就是建立决策树的意义所在。

(3)支持向量机

支持向量机是一种用于分类的监督学习算法，其核心思想是通过找到一个超平面将不同类别的数据分开。在二维空间中，超平面是一条直线；在更高维空间中，超平面是一个平面或曲面。支持向量机的目标是最大化分类间隔，使得分类效果最佳。

为更好地说明支持向量机的算法原理，假定需要将100个企业中的盈利企业和亏损企业分成两类，支持向量机是如何实现的呢？支持向量机的目标是找到一个最优分界线，使得两类数据点(本例中的“盈利”企业和“亏损”企业)之间的间隔最大化。

具体步骤：

①确定分界线方程

在二维空间中，分界线是直线，数学表达式为

$$w_1x_1+w_2x_2=b \tag{2.8}$$

式(2.8)中，x_1 和 x_2 表示输入特征，可以是企业的收入和成本变量；w_1 和 w_2 表示权重，决定了分界线的倾斜程度；b 表示截距，决定了分界线的位置。

②明确分类规则

分类规则：

如果 $w_1x_1+w_2x_2+b\geqslant 1$ 属于类别 A，即盈利企业；

如果 $w_1x_1+w_2x_2+b\leqslant -1$ 属于类别 B，即亏损企业。

③计算间隔距离

分界线到最近数据点的距离（间隔）为

$$d=\frac{2}{\sqrt{w_1^2+w_2^2}} \tag{2.9}$$

使得 d 距离最大，也就是最小化 $\sqrt{w_1^2+w_2^2}$。

更为直观的例子是，在两个村庄之间修一条最宽的路，路的两边是各自的房屋（也就是数据点），支持向量机要让这条路尽可能宽。支持向量就是距离分界线最近的房屋，即决定分界线的关键数据点。

（4）K 均值聚类

K 均值聚类是一种自动分组的算法。它的目标是将一堆数据分成 K 个类别（如 $K=3$ 就是分为 3 组），使得同一组内的数据尽可能相似，不同组的数据尽可能不同。

组内平方和（Within-Cluster Sum of Squares，WCSS）用于衡量聚类分析中同一簇内数据点与该簇中心（质心）之间的总平方距离。它反映了簇内数据的紧凑程度，$WCSS$ 越小，说明簇内数据越集中，聚类效果越好。

将数据集 $\{x_1, x_2, \cdots, x_n\}$ 点分成 K 个组（聚类），使得组内数据相似度高（距离近），组间差异大。用数学表示即最小化组内平方和为

$$WCSS=\sum_{i=1}^{K}\sum_{x\in C_i}\|x-\mu_i\|^2 \tag{2.10}$$

式（2.10）中，C_i 是指第 i 个聚类；μ_i 是指第 i 个聚类的中心，也就是均值点；$\|x-\mu_i\|$ 是指点 x 到中心 μ_i 的欧氏距离（即相似度）。

具体聚类步骤：

步骤 1 初始化中心。

随机选择 K 个 $\{\mu_1, \mu_2, \cdots, \mu_K\}$ 作为初始化中心点。

步骤 2 分配数据点到最近中心。

对于每个数据点 x_j，计算到所有中心的距离，分配到最近中心的聚类。计算公式为

$$C_i=\{x_j: \|x_j-\mu_i\|^2\leqslant\|x_j-\mu_i\|^2,\ \forall i\neq k\} \tag{2.11}$$

式（2.11）的直观含义就是，找到距离 x_j 最近的 μ_i 归入 C_i。

步骤 3 重新计算中心。

对于每个聚类 C_i，计算新中心（均值点）：

$$\mu_i = \frac{1}{|C_i|}\sum_{x \in C_i} x \tag{2.12}$$

步骤4 重复步骤2和步骤3，直到中心不再变化或者变化很小。

为了更好地理解 K 均值聚类原理，下面举一个例子。假设有4个客户，消费数据(单位：千元)如下：A=(2,3)，B=(3,4)，C=(7,8)，D=(8,9)，分为两类($K=2$)。具体操作如下：

首先，设置初始中心。随机选择A和C作为中心，即 $\mu_1=(2,3)$，$\mu_2=(7,8)$。

其次，第一次分配数据点。B到 μ_1 的距离是 $\sqrt{(3-2)^2+(4-3)^2}=\sqrt{2}$，B到 μ_2 的距离是 $\sqrt{(7-3)^2+(8-4)^2}=\sqrt{32}$，可见，B到 μ_1 的距离更近，因此B归入 C_1。同理，D归入 C_2。

再次，确定新中心。由上一步可知：$C_1=\{A,B\}$，新中心为 $\mu_1=\left(\frac{2+3}{2},\frac{3+4}{2}\right)=(2.5,3.5)$；$C_2=\{C,D\}$，新中心为 $\mu_2=\left(\frac{7+8}{2},\frac{8+9}{2}\right)=(7.5,8.5)$。

最后，不断重复上述步骤，直到中心稳定。

(5)强化学习

强化学习算法都体现在 *Q-learning* 的核心公式中，表达式为

$$Q(s,a) \leftarrow Q(s,a)+\alpha \cdot [r+\gamma \cdot \max Q(s',a')-Q(s,a)] \tag{2.13}$$

式(2.13)中，$Q(s,a)$ 表示状态-动作价值，其经济意义是指在特定经营环境(状态 s)下，采取某个策略(动作 a)的长期总预期利润；α 表示学习率，通常为0.01～0.1，代表新经验对旧知识的覆盖权重，$\alpha=0.1$ 表示新数据对原有 Q 值的影响占10%；r 表示即时奖励，经济含义是指当天采取动作后直接获得的利润；γ 表示折扣因子，通常为0.9～0.99，其经济意义是指未来利润的现值折算系数；$\max Q(s',a')$ 表示未来最优价值，也就是进入新状态 s' 后，所有可能动作中最优的长期价值。

Q-learning 核心公式的经济逻辑和含义是

新价值=旧价值+学习率×[即时利润+未来利润现值-旧价值]

更为直观的类比是现实管理领域中常用的“预算偏差调整”，也就是

新预算=旧预算+10%×(实际支出-旧预算)

下面以一家快餐店折扣策略为例说明强化学习的算法原理。假设你正在经营一家盖浇饭快餐店，盖浇饭原价15元(成本5元)，不打折时日均销量100份，打折时日均销量150份。作为经营者需要考虑每天选择是否给予客户8折优惠。假定以7天为一个周期，使得周利润达到最大化。

强化学习三要素数学表达：

状态(s)：当天是否是周末，$s\in\{$工作日，周末$\}$

动作(a)：是否打折，$a\in\{$打折，不打折$\}$

奖励(r):$r=\begin{cases}(15-5)\times100=1\ 000\text{ 元（不打折）}\\(15\times0.8-5)\times150=1\ 050\text{（打折）}\end{cases}$

根据式(2.13),$Q(s,a)$是在状态 s 下采取动作 a 的预期总收益,将 a 和 r 分别设定为 0.1 和 0.9。

接下来分步计算演示:

假设初始所有 Q 值=0,周末销量提升 20%,探索率 $\varepsilon=0.2$,也就是 20%概率随机尝试。

进一步地,建立初始 Q 值,见表 2-2。

表 2-2　　初始 Q 值　　单位:元

状态/动作	打折(a_1)	不打折(a_2)
工作日(s_1)	0	0
周末(s_2)	0	0

①第一天(周一)

随机动作 a 是打折,r 是利润,$r=(15\times0.8-5)\times150=1\ 050$ 元,更新的 Q 值为

$$Q(\text{工作日,打折})=0+0.1\times[1\ 050+0.9\times\max(0,0)-0]=105\text{ 元}$$

更新后的 Q 值,见表 2-3。

表 2-3　　周一更新后的 Q 值　　单位:元

状态/动作	打折(a_1)	不打折(a_2)
工作日(s_1)	105	0
周末(s_2)	0	0

②第二天(周二)

按照贪婪策略选择打折,$r=(15\times0.8-5)\times150=1\ 050$ 元,更新后的 Q 值为

$$Q(\text{工作日,打折})=105+0.1\times[1\ 050+0.9\times\max(105,0)-105]\approx209\text{ 元}$$

更新的 Q 值,见表 2-4。

表 2-4　　周二更新后的 Q 值　　单位:元

状态/动作	打折(a_1)	不打折(a_2)
工作日(s_1)	209	0
周末(s_2)	0	0

③第三天(周三)

店主尝试不打折(探索率 $\varepsilon=0.2$ 发生作用),$r=(15-5)\times100=1\ 000$ 元,更新后的 Q 值为

$$Q(\text{工作日,不打折})=0+0.1\times[1\ 000+0.9\times\max(205,0)-0]\approx119\text{ 元}$$

更新的 Q 值,见表 2-5。

表 2-5　　周三更新后的 Q 值　　单位:元

状态/动作	打折(a_1)	不打折(a_2)
工作日(s_1)	209	119
周末(s_2)	0	0

店主选择周四作为休息日,没有营业。

④第四天(周五)

店主依然选择当前最优策略打折,$r=(15\times0.8-5)\times150=1\ 050$ 元,更新后的 Q 值为

$$Q(\text{工作日,打折})=209+0.1\times[1\ 050+0.9\times\max(209,119)-209]\approx312\text{ 元}$$

更新的 Q 值,见表 2-6。

表 2-6　　周五更新后的 Q 值　　单位:元

状态/动作	打折(a_1)	不打折(a_2)
工作日(s_1)	312	119
周末(s_2)	0	0

⑤第五天(周六)

店主随机选择不打折,$r=(15-5)\times100\times(1+20\%)=1\ 200$ 元,更新后的 Q 值为

$$Q(\text{周末,不打折})=0+0.1\times[1\ 200+0.9\times\max(0,0)-0]=120\text{ 元}$$

更新的 Q 值,见表 2-7。

表 2-7　　周六更新后的 Q 值　　单位:元

状态/动作	打折(a_1)	不打折(a_2)
工作日(s_1)	312	119
周末(s_2)	0	120

⑥第六天(周日)

店主继续尝试打折,原因在于20%的探索率。$r=(15\times0.8-5)\times180=1\ 260$ 元,更新后的 Q 值为

$$Q(\text{周末},\text{打折})=0+0.1\times[1\ 260+0.9\times\max(0,120)-0]\approx137\ \text{元}$$

更新的 Q 值,见表 2-8。

表 2-8 周日更新后的 Q 值 单位:元

状态/动作	打折(a_1)	不打折(a_2)
工作日(s_1)	312	119
周末(s_2)	137	120

⑦第七天(周一)

店主继续选择打折,$r=(15\times0.8-5)\times150=1\ 050$ 元,更新后的 Q 值为

$$Q(\text{工作日},\text{打折})=312+0.1\times[1\ 050+0.9\times\max(312,119)-312]\approx414\ \text{元}$$

更新的 Q 值,见表 2-9。

表 2-9 周一更新后的 Q 值 单位:元

状态\动作	打折(a_1)	不打折(a_2)
工作日(s_1)	414	119
周末(s_2)	137	120

根据以上计算结果可知,工作日的打折 Q 值为414,不打折 Q 值为119,所以对于店主而言,工作日采取打折是较好的策略选择;而对于周末而言,打折和不打折的 Q 值较为接近,需要使用更多的数据进行训练,进而确定在周末采取何种策略效果更好。

2.1.3 机器学习的训练过程与操作实例

1. 机器学习的训练过程

机器学习的训练过程通常包括以下几个步骤(图 2-4):

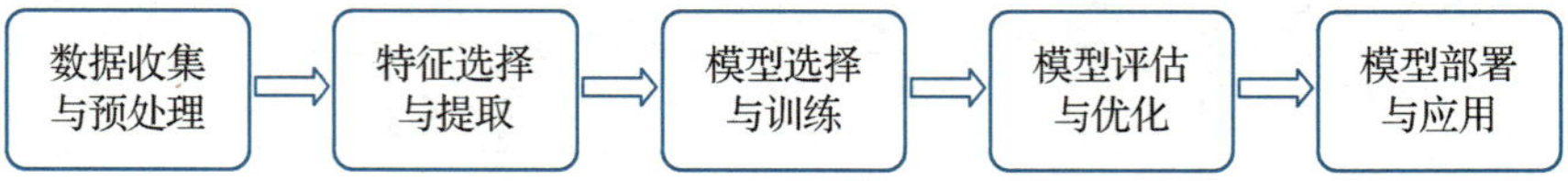

图 2-4 机器学习的训练步骤

(1)数据收集与预处理

数据是机器学习的核心。在训练模型之前,需要收集大量数据并进行预处理,以确保数据的质量和一致性。预处理步骤包括去除重复项、处理缺失值的数据清洗、归一化、标准化的数据转换以及图像翻转、旋转的数据增强等。

(2)特征选择与提取

特征是从原始数据中提取出来的有用信息,它们对于模型的性能至关重要。特征选择是指从原始数据中选择最具代表性的特征,以减少模型的复杂度并提高性能。特征提取是指通过变换或组合原始特征,生成新的、更具代表性的低维特征。特征选择更适合中小规模数据,直接筛选关键特征,提升效率与可解释性;特征提取则更适合高维复杂数据,通过变换捕获本质结构。

(3)模型选择与训练

选择合适的机器学习模型是训练过程的关键步骤。不同的模型适用于不同的数据类型和任务类型。在选择模型后,需要使用训练数据集对模型进行训练。训练过程是通过优化算法(如梯度下降)来不断调整模型的参数,以最小化预测误差或最大化某种性能指标。

(4)模型评估与优化

在训练完模型后,需要使用测试数据集对模型进行评估。在分类任务中,准确率、召回率和F1分数是常用的评估指标。准确率是指正确分类的样本数占总样本数的比例;召回率是指正确分类的正样本数占所有正样本数的比例;F1分数则是准确率和召回率的调和平均数;在回归任务中,均方误差和均方根误差是常用的评估指标。均方误差是预测值与真实值之间差的平方的平均值;均方根误差则是均方误差的平方根。这两个指标都用于衡量模型的预测误差。根据评估结果,可以对模型进行进一步优化,如调整参数、增加特征或使用更复杂的模型。

(5)模型部署与应用

经过训练和优化后,模型可以被部署到实际应用中。在部署过程中,需要考虑模型的性能、可扩展性和安全性等因素。此外,还需要对模型进行持续的监控和维护,以确保其在实际应用中的稳定性和准确性。

2. 机器学习的操作实例

为更好地理解机器学习的基本原理,本小节以某电商广告投入与销售的数据为例对线性回归进行演示,数据见表2-10。再次说明,本例仅为展示机器学习具体操作过程,使用的是虚拟数据,不具有实质性研究意义。

结合机器学习训练过程的五个步骤,使用表2-10中的数据进行研究,目的是考察广告费投入对销售额的影响。

表 2-10　　某电商广告投入与销售额数据

周数	社交媒体广告/万元	搜索引擎广告/万元	短视频广告/万元	竞争强度（1～5）	节假日（0/1）	销售额/万元
1	12	8	15	3	0	120
2	15	10	18	4	1	185
3	10	6	12	2	0	95
4	18	12	20	3	0	160
5	14	9	16	5	0	105
6	20	15	25	2	1	220
7	11	7	14	4	0	115
8	16	11	19	3	0	150
9	13	8	17	1	1	195
10	17	13	22	4	0	170
11	19	14	24	3	0	180
12	14	10	18	5	1	130
13	12	9	16	2	0	125
14	15	11	20	3	0	155
15	21	16	26	1	1	240
16	10	7	13	4	0	100
17	16	12	21	3	0	165
18	18	13	23	2	1	190
19	13	9	17	5	0	110
20	20	15	25	3	0	230
21	11	8	15	4	0	118
22	14	10	19	2	0	145
23	17	12	22	1	1	210
24	15	11	20	3	0	158
25	19	14	24	4	0	175
26	12	9	16	2	0	128
27	16	12	21	5	1	140
28	18	13	23	3	0	188

（续表）

周数	社交媒体广告/万元	搜索引擎广告/万元	短视频广告/万元	竞争强度（1～5）	节假日（0/1）	销售额/万元
29	14	10	18	4	0	135
30	20	12	25	2	1	210

注：广告包括社交媒体广告、搜索引擎广告和短视频广告；竞争强度1～5，数字越大，竞争力越强；0代表非节假日，1代表节假日。

步骤1 数据收集与预处理。

在本例中，演示所要使用的数据已经进行了处理，具体为某电商30周的销售数据。第1～20周为训练集数据，第21～25周为验证集数据，第26～30周为测试集数据。

步骤2 数据特征选择与提取。

表2-10的数据主要包括社交媒体广告、搜索引擎广告、短视频广告、竞争程度、节假日五个特征（属性）变量和销售额一个目标变量（标签）。

步骤3 模型选择与训练。

本例的主要目的是根据广告投入预测销售额的变化情况，属于监督学习范畴，既有特征（属性）变量，也有目标变量（标签）。使用回归模型可以实现这一研究目标。

根据式(2.1)和式(2.2)，使用最小二乘法，可以得到以下线性回归方程：

$$\hat{y}=38.34+3.97x_1+0.41x_2+4.22x_3-9.74x_4+16.28x_5$$

上述方程中，$\hat{y}$表示销售额，x_1 表示社交媒体广告投入，x_2 表示搜索引擎广告投入，x_3 表示短视频广告投入，x_4 表示竞争强度，x_5 表示是否是节假日。系数的含义是，以 x_1 系数3.97为例，社交媒体广告每增加1万元，销售额将会增长3.97万元，社交媒体广告、搜索引擎广告以及短视频广告三者相比，短视频广告效果最好，原因在于系数为4.22，也就是在同等广告投入条件下短视频广告收效最大。同理，x_4 的系数−9.74表示竞争对手竞争每增强一个等级，销售额会减少9.74万元。

步骤4 评估与优化。

使用验证数据集对模型的效果进行评估，模型验证结果见表2-11。

表2-11 **验证集线性回归效果评估** 单位：万元

周数	预测销售额	实际销售额	绝对误差
21	107.77	118	10.23
22	156.36	145	11.36
23	207.25	210	2.75

（续表）

周数	预测销售额	实际销售额	绝对误差
24	155.04	158	2.96
25	178.61	175	3.61

计算平均绝对误差约为 6.18 万元。可以看到，第 21 周和第 22 周误差显著偏高，第 23 周、第 24 周和第 25 周预测误差较小。

进一步地，使用测试集数据对模型的效果进行评估，结果见表 2-12。

表 2-12　　测试集线性回归效果评估　　单位：万元

周数	预测销售额	实际销售额	绝对误差
26	135.68	128	7.68
27	160.26	140	20.26
28	179.92	188	8.08
29	132.65	135	2.35
30	221.56	210	11.56

计算平均绝对误差约为 9.98 万元。从测试集效果来看，第 27 周和第 30 周误差较高，可能的原因在于促销活动的非线性效应。相比较而言，第 29 周预测精度较高。

结合验证集和测试集评估效果，可以采用非线性关系、引入交互项、处理异常值、使用决策树以及增加数据量等方法进一步优化模型，使模型达到最佳效果。

步骤 5　部署与应用。

经过对模型的多轮调整与验证，对于该电商而言，可以借助模型根据广告投入情况预测销售量且效果更为精准，广告投入针对性更强，效果更好，这正是机器学习的意义所在。

2.2　深度学习

深度学习是机器学习的一个重要分支，它专注于构建和训练多层神经网络，以模拟人脑对数据的处理方式。简单来说，深度学习就是通过构建具有多个隐藏层的神经网络，自动从大量数据中提取复杂的特征和模式，从而实现对数据的高效处理和智能决策。

2.2.1 神经网络的基础结构与类型

1. 神经网络的基础结构

神经网络是深度学习的核心组件，它由多个层组成，包括输入层、隐藏层和输出层，如图 2-5 所示。每个层由多个神经元（即节点）组成，神经元之间通过权重连接。神经网络的训练过程就是调整这些权重以最小化损失函数的过程。

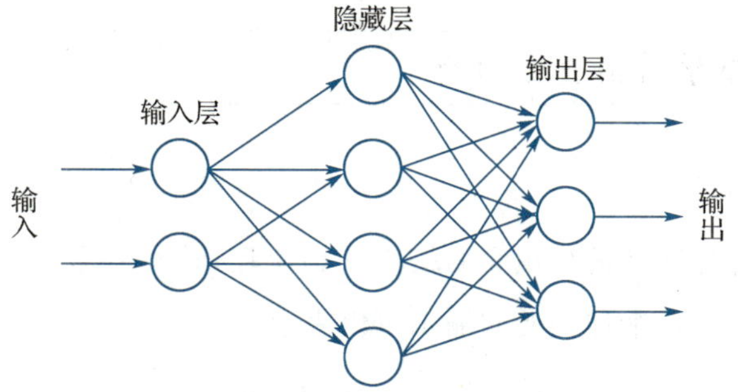

图 2-5　神经网络

2. 神经网络的类型

（1）根据隐藏层的数量

①浅层神经网络

浅层神经网络是一种具有一个或两个隐藏层的神经网络，它通过简单的结构实现对数据特征的提取和分类。浅层神经网络是深度学习的基础，理解它的结构和原理有助于深入学习深度学习技术。

②浅层神经网络

浅层神经网络是一种具有多个隐藏层的神经网络，它通过多层的特征提取和转换，能够自动学习数据中的复杂模式和规律。与浅层神经网络相比，深度神经网络具有更强的特征提取能力和更高的模型容量，因此在处理复杂数据和大规模数据时表现更优。

（2）根据神经网络的用途

①卷积神经网络

卷积神经网络是一种专门用于处理图像数据的深度学习模型。它通过卷积层、池化层和全连接层等结构来提取图像特征、降低数据维度并进行分类。卷积神经网络在图像识别、目标检测等领域具有广泛应用。

②循环神经网络

循环神经网络是一种用于处理序列数据的深度学习模型。它通过循环连接来捕捉序列中的时间依赖关系。循环神经网络在自然语言处理、语音识别等领域表现出色。然而,传统的循环神经网络存在梯度消失和梯度爆炸等问题,因此在实际应用中常使用其改进版本,如长短期记忆网络和门控循环单元等。

③生成对抗网络

生成对抗网络是一种由两个神经网络组成的框架,一个生成器用于生成数据,一个判别器用于区分真实数据和生成数据。生成对抗网络在图像生成、视频合成和风格迁移等任务中取得了显著成果。

2.2.2 深度学习的核心原理

1. 前向传播

前向传播是神经网络进行预测的核心计算流程,其本质是数据从输入层到输出层的逐层加工过程。每个神经元的输出可以表示为

$$\begin{gathered} z=w_1x_1+w_2x_2+\cdots+w_nx_n+b \\ a=f(z) \end{gathered} \tag{2.14}$$

其中,$w_1,w_2,\cdots,w_n$ 是权重;b 是偏置;z 是神经元输出;f 是激活函数;a 是激活函数输出值。

2. 损失函数

损失函数衡量模型预测值与真实值之间的差异,是模型优化的目标。常见的损失函数包括均方误差和交叉熵损失。均方误差主要用于回归任务的损失测度,交叉熵损失则主要用于分类任务的损失计算。

3. 反向传播

反向传播是神经网络的训练过程,通过计算损失函数对模型参数的梯度,调整参数以最小化损失。计算过程包括:首先,计算模型的预测值;其次,计算预测值与真实值之间的差异;再次,计算损失对每个参数的梯度;最后,通过优化算法(如梯度下降)更新参数。

4. 优化方法

优化方法用于调整模型参数,以最小化损失函数。常见的优化方法包括梯度下降:通过计算损失函数的梯度,逐步调整参数;随机梯度下降:每次只用一个样本计算梯度,计算效率高;自适应矩阵估计优化算法:结合动量和自适应学习率的优化方法,收敛速度快。

2.2.3 深度学习的操作实例

为更好地理解深度学习的基本原理，本小节以基于神经网络的月度销售额预测为例进行演示。

1. 问题的提出

销售额是商家关注的重要指标。本小节基于某商家1～3月份虚拟销售数据，使用神经网络预测4月份的销售额，数据见表2-13。

表2-13 商家销售数据 单位：万元

月份	季节性指数	促销强度	上月销售额(标准化)	本月销售额(标准化,真实值)
1	0.3	0.1	0.4	0.45
2	0.5	0.5	0.45	0.6
3	0.8	0.8	0.6	0.85

2. 神经网络结构的设计

(1)神经网络基本结构

本例所使用的神经网络为三层神经网络。具体包括3个节点的输入层(对应3个特征)、4个节点的隐藏层(使用 Re*LU* 激活函数)和1个节点的输出层(线性激活函数，直接输出预测值)。

(2)权重初始化

输入层到隐藏层权重矩阵 $\boldsymbol{W}_1(3\times4)$：

$$\boldsymbol{W}_1=\begin{bmatrix}0.1 & 0.2 & -0.1 & 0.3\\ -0.2 & 0.4 & 0.5 & -0.3\\ 0.1 & -0.1 & 0.2 & 0.4\end{bmatrix}$$

隐藏层到输出层权重矩阵 $\boldsymbol{W}_2(4\times1)$：

$$\boldsymbol{W}_2=\begin{bmatrix}0.5\\ -0.6\\ 0.7\\ 0.2\end{bmatrix}$$

(3)偏置项

偏置项暂设为0(实际训练中需随机初始化)。

3. 前向传播(以第2月数据为例)

(1)输入数据

从输入层输入的数据为 $\boldsymbol{X}=[0.5 \quad 0.5 \quad 0.45]$。

(2)输入层到隐藏层的计算

$$\boldsymbol{Z}_1=\boldsymbol{X}\boldsymbol{W}_1=[0.5 \quad 0.5 \quad 0.45]\cdot\begin{bmatrix}0.1 & 0.2 & -0.1 & 0.3\\ -0.2 & 0.4 & 0.5 & -0.3\\ 0.3 & -0.1 & 0.2 & 0.4\end{bmatrix}=$$

$$[0.085 \quad 0.255 \quad 0.29 \quad 0.18]$$

应用 ReLU 激活函数:

$$\boldsymbol{A}_1=\text{Re}LU(\boldsymbol{Z}_1)=[\max(0,0.085),\max(0,0.255),\max(0,0.29),\max(0,0.18)]$$

$$\boldsymbol{A}_1=[0.085,0.255,0.29,0.18]$$

(3)隐藏层到输出层的计算

计算输出层预测值 $\hat{y}=\boldsymbol{A}_1\boldsymbol{W}_2$

$$\hat{y}=[0.085 \quad 0.255 \quad 0.29 \quad 0.18]\begin{bmatrix}0.5\\ -0.6\\ 0.7\\ 0.2\end{bmatrix}=0.1285$$

真实值是0.6,预测误差较大,需反向传播优化权重。

4. 反向传播与权重更新

(1)损失函数的计算

$$L=\frac{1}{2}(\hat{y}-y)^2=\frac{1}{2}(0.1285-0.6)^2=0.1111$$

(2)计算输出层梯度

$$\frac{\partial L}{\partial \boldsymbol{W}_2}=(\hat{y}-y)A_1=(0.1285-0.6)[0.085 \quad 0.255 \quad 0.29 \quad 0.18]$$

$$=[-0.0401 \quad -0.1202 \quad -0.1367 \quad -0.0849]$$

(3)计算隐藏层梯度

$$\frac{\partial L}{\partial \boldsymbol{W}_1}=(\hat{y}-y)\cdot\boldsymbol{W}_2\cdot\text{Re}LU(\boldsymbol{Z}_1)\cdot\boldsymbol{X}$$

由于 ReLU 激活函数在正值区域导数为1,负值区域导数为0,且当前 $\boldsymbol{Z}_1$ 均为正,因此

$$\frac{\partial L}{\partial \boldsymbol{W}_1}=(-0.4715)\cdot[0.5 \quad -0.6 \quad 0.7 \quad 0.2]\cdot 1\cdot\boldsymbol{X}$$

以第一个权重 $\boldsymbol{W}_1[0,0]=0.1$ 为例,

$$\frac{\partial L}{\partial \boldsymbol{W}_1[0,0]}=(-0.4715)\cdot 0.5\cdot 0.5\approx -0.1179$$

(4)权重更新(设学习率为 0.1)

①更新 $\boldsymbol{W}_2$

$$\boldsymbol{W}_2^{new}=\boldsymbol{W}_2-学习率\cdot\frac{\partial L}{\partial \boldsymbol{W}_2}\approx[0.5040\quad -0.5880\quad 0.7137\quad 0.2085]$$

②更新 $\boldsymbol{W}_1[0,0]$

$$\boldsymbol{W}_1[0,0]^{new}=0.1-0.1\cdot(-0.1179)\approx 0.1118$$

$\boldsymbol{W}_1$ 矩阵其余权重,可以参考 $\boldsymbol{W}_1[0,0]^{new}$ 进行更新。

5. 迭代训练与预测

重复前向传播、计算损失、反向传播更新权重,直至损失收敛。通过训练后的模型计算预测值。

神经网络的本质是通过权重矩阵和激活函数,将输入层映射到输出层。训练核心是前向传播计算预测值,反向传播根据误差调整权重。

2.3 自然语言处理

自然语言处理是人工智能领域中的一个重要分支,它研究的是实现人与计算机之间用自然语言进行有效通信的各种理论和方法。自然语言处理融合了语言学、计算机科学以及数学等多个学科知识,旨在使计算机能够理解和处理人类的语言。

2.3.1 自然语言处理的基本概念

自然语言处理的核心在于将人类的语言转换为计算机能够理解的形式,并在此基础上进行各种操作和分析。它涉及的任务包括文本预处理、词嵌入、句法分析、语义分析、文本生成等。

1. 文本预处理

文本预处理是自然语言处理中的基础环节,包括文本清洗、分词、词性标注等。文本清洗主要是去除文本中的噪声数据,如 HTML 标签、特殊字符等。分词是将文本划分为独立的词汇单元,以便后续的分析和处理。词性标注则是确定每个词汇的词性,如名词、动词、形容词等。

2. 词嵌入

词嵌入是将词汇转换为计算机可理解的向量表示的过程。常见的词嵌入技术包括 Word2vec、GloVe 等。这些技术可以捕捉词汇之间的语义关系，使得计算机能够理解词汇的深层含义。词嵌入技术为后续的语义分析和文本生成等任务奠定了基础。

3. 句法分析

句法分析是确定句子中词汇之间关系的过程，包括短语结构分析和依存关系分析。短语结构分析是将句子划分为短语结构，如主谓宾结构、定状补结构等。依存关系分析则是确定词汇之间的依存关系，如主语依存于谓语、宾语依存于动词等。句法分析为后续的语义分析和文本生成提供了语法结构信息。

4. 语义分析

语义分析是理解句子或文本深层含义的过程，包括实体识别、关系抽取、情感分析等任务。实体识别是识别文本中的实体，如人名、地名、组织名等；关系抽取是提取实体之间的关系，如人物之间的亲属关系、事件之间的因果关系等；情感分析则是判断文本的情感倾向，如积极、消极或中性。

5. 文本生成

文本生成是自然语言处理中的另一个重要任务，它可以根据给定的关键词、句子结构等信息输入生成新的文本，这可以用于各种应用，如机器翻译、文本摘要、对话系统等。文本生成技术需要理解输入的语义信息，并生成符合语法和语义要求的文本。

2.3.2 自然语言处理技术

自然语言处理技术涵盖了从低层次的文本预处理到高层次的语义理解和文本生成等多个方面十项技术，如图 2-6 所示。

1. 分词技术

分词技术是自然语言处理中的基础任务之一，它将文本划分为独立的词汇单元。中文分词比英文分词更为复杂，因为中文单词之间没有空格分隔。常见的中文分词算法包括基于规则的方法、基于统计的方法和基于深度学习的方法。分词技术的准确性对后续的文本分析和处理具有重要影响。

2. 词性标注

词性标注是确定文本中每个词汇的词性的过程。常见的词性包括名词、动词、形容词、副词等。词性标注技术可以应用于文本分类、信息抽取等任务中，提高系统的准确性和效率。

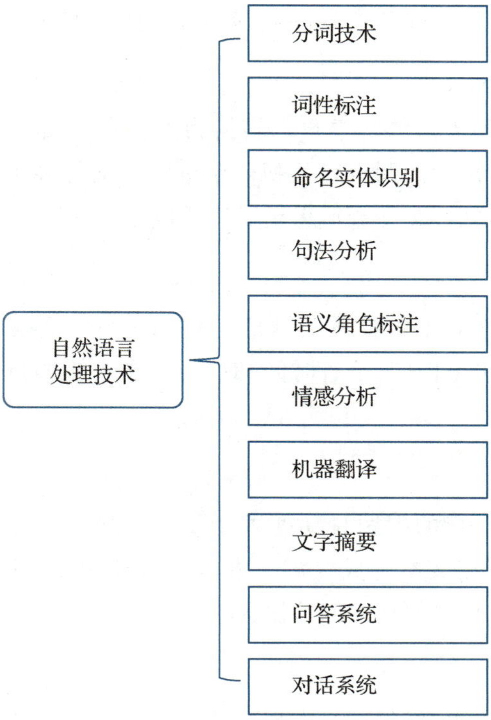

图 2-6　自然语言处理十项技术

3. 命名实体识别

命名实体识别是识别文本中的特定实体（如人名、地名、组织名等）的过程。命名实体识别技术可以应用于信息抽取、文本摘要等任务中，帮助系统识别并提取出关键信息。

4. 句法分析

句法分析是确定句子中词汇之间关系的过程。它可以将句子划分为短语结构，并确定词汇之间的依存关系。句法分析技术可以应用于机器翻译、问答系统等任务中，帮助系统理解句子的语法结构和语义信息。

5. 语义角色标注

语义角色标注是识别句子中谓词及其论元之间关系的过程。它可以帮助系统理解句子的语义结构，并提取出关键信息。语义角色标注技术可以应用于信息抽取、文本生成等任务中。

6. 情感分析

情感分析是判断文本情感倾向的过程。它可以通过分析文本中的情感词汇和句子结构，确定文本的情感倾向（如积极、消极或中性）。情感分析技术可以应用于用户评论分析、舆情监测等任务中，帮助系统了解用户的情感需求和态度。

7. 机器翻译

机器翻译是将一种语言的文本自动转换为另一种语言的文本的过程。它涉及语言模型的训练、翻译规则的制定以及翻译质量的评估等多个方面。机器翻译技术已经取得了显著进展，并在多个领域得到了广泛应用。

8. 文本摘要

文本摘要是从大量文本中提取关键信息并生成简短摘要的过程。它可以帮助用户快速了解文本的主要内容，节省时间和精力。文本摘要技术可以应用于新闻报道、学术论文等领域。

9. 问答系统

问答系统是根据用户的问题自动搜索相关信息并生成答案的过程。它涉及自然语言理解、信息检索和文本生成等多个方面。问答系统可以应用于智能客服、在线教育等领域，为用户提供便捷的问答服务。

10. 对话系统

对话系统是模拟人类对话过程，实现计算机与人类自然语言交互的系统。它涉及自然语言理解、对话管理、文本生成等多个方面。对话系统可以应用于智能家居、智能助手等领域，为用户提供更加智能化的交互体验。

2.4 计算机视觉

计算机视觉是一项利用计算机和数学算法模拟人类视觉系统对图像和视频进行识别、理解、分析和处理的技术。它融合了计算机科学、图像处理、机器学习和模式识别等多个领域的知识，旨在使计算机能够像人一样理解和处理图像、视频。

2.4.1 计算机视觉基本概念

计算机视觉的核心原理包括图像处理、特征提取和机器学习。第一，需要对图像进行预处理，包括图像增强、去噪、滤波等；第二，对图像进行特征提取，如边缘检测、角点检测、特征点提取等；第三，通过机器学习算法，如支持向量机、卷积神经网络等，训练模型，实现图像分类、目标检测、人脸识别等功能。

1. 图像处理

像素是图像的最基本组成单元，包含了颜色信息。色彩空间是指红、绿、蓝以及色调、饱和度、明度等，不同色彩空间代表图像色彩的方式不同。图像类型包括位图与矢量图，位图由像素组成，矢量图由数学方程式定义。滤波与卷积是指通过不同的核操作来增强或抑制图片中的各种特征。边缘检测用于识别图像中的边界。形态学操作包括膨胀、腐蚀等，用于图形的简化和去噪。

2. 特征提取

角点检测用于找到图像中的角点。尺度不变特征变换用于区域特征提取，描述和匹配在不同视角、光照和尺度下的局部特征；方向梯度直方图则用于边缘与纹理特征提取，捕捉图像中的形状和结构信息，常用于物体检测。

3. 机器学习

分类器包括支持向量机和神经网络等，用于图像分类任务。聚类是把数据分组的无监督学习算法，如 K 阶均值聚类或层次聚类；深度学习特别是卷积神经网络，在图像识别、分类和其他视觉任务中取得突破性进展。

2.4.2 计算机视觉技术

计算机视觉技术涵盖了从低层次的图像处理到高层次的图像理解和分析，包含七项技术，如图 2-7 所示。

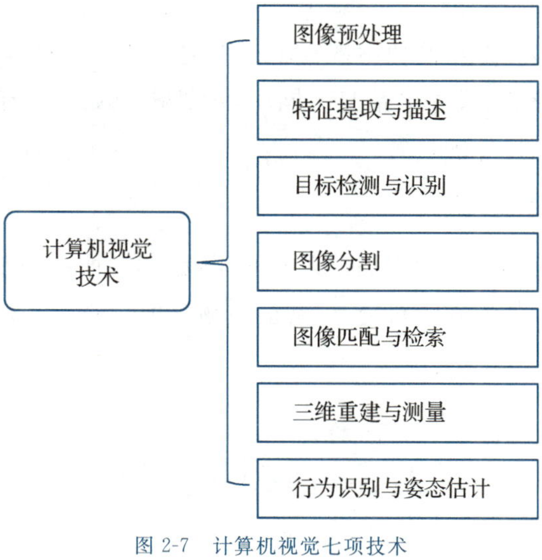

图 2-7 计算机视觉七项技术

1. 图像预处理

图像预处理是计算机视觉的基石，包括图像增强、去噪、滤波等。通过预处理，可以提高图像质量，为后续的特征提取和识别打下坚实基础。

2. 特征提取与描述

特征提取是计算机视觉中的关键环节，旨在从图像中提取出有用的信息，如边缘、角点、纹理等。特征描述则是对这些特征进行量化表示，以便于后续的匹配和识别。

3. 目标检测与识别

目标检测是在图像中找出特定物体的位置和大小，而目标识别则是进一步确定这些物体的类别。目标检测与识别是计算机视觉中的核心任务之一，广泛应用于自动驾驶、安防监控等领域。

4. 图像分割

图像分割是将图像划分为多个区域或对象的过程。基于阈值处理、区域生长、图割等方法的图像分割技术，可以实现图像的精细分割和对象提取。

5. 图像匹配与检索

图像匹配是在不同图像中找出相似或相同的部分，而图像检索则是从图像数据库中检索出与查询图像相似的图像。这些技术在图像识别、版权保护等领域具有广泛应用。

6. 三维重建与测量

三维重建是从多张二维图像中恢复出三维空间结构的过程。通过三维重建，可以获取物体的三维形状、尺寸等信息。同时，计算机视觉技术还可以实现精确的测量任务，如距离测量、尺寸测量等。

7. 行为识别与姿态估计

行为识别是在视频序列中识别出人的动作或行为，而姿态估计则是估计人的关节位置和姿态。这项技术在人机交互、智能视频监控等领域具有广阔的应用前景。

2.5 知识图谱

2.5.1 知识图谱的定义与发展历程

1. 知识图谱的定义

知识图谱是一种用于描述实体之间关系的语义网络，它将复杂的信息以图的形式呈现，帮助人们更好地理解和利用数据。知识图谱的核心在于将现实世界中的信息转化为图形，其中人、地点、组织、概念等节点表示实体，边表示“位于”“属于”“是”等实体之间的关系。这种结构使得数据不仅可以被存储，还可以被理解和分析，从而支持更智能的应用。假设有一个知识图谱，其中包含“北京”“中国”“首都”这三个实体，它们之间的关系可以是“北京是中国的首都”。在图中，“北京”和“中国”是实体节点，“首都”是连接它们的边(关系)。通过这种方式，知识图谱能够捕捉现实世界中的复杂信息，提供数据的语义上下文，使得机器能够“理解”数据背后的含义，而不仅是处理孤立的文本或数字。

2. 发展历程

知识图谱的概念最早可以追溯到20世纪的知识工程领域，但真正引起广泛关注的是在2012年谷歌推出了其知识图谱项目，旨在提升搜索引擎的语义搜索能力。谷歌的知识图谱整合大量结构化数据，使得搜索引擎能够理解用户查询的真实意图，并提供更准确、更丰富的搜索结果。例如，当用户搜索“苹果”时，搜索引擎可以根据上下文判断用户指的是水果还是公司，并提供相应的信息。

随后，知识图谱技术迅速发展并扩展到医疗保健、金融服务等多领域。在医疗保健领域，知识图谱通过整合病人的历史病理记录、临床试验数据以及医学文献，为医生提供一个全面的疾病知识基础，进而辅助医生做出更准确的诊断。在金融服务领域，知识图谱在风险管理、欺诈检测和投资决策支持等方面发挥重要作用。

2.5.2 知识图谱的技术实现

知识图谱的构建和应用涉及数据采集、知识抽取、知识融合、知识存储和知识推理等多个技术环节，下面分别予以阐述。

1. 数据采集

数据采集是构建知识图谱的第一步，涉及从文本、数据库、传感器等各种数据源收集数据。数据可以来自结构化数据、半结构化数据以及网页、文档等非结构化数据。通过爬虫、API接口或直接从数据库中提取数据，可以为知识图谱提供丰富的数据基础。结构化数据是指存储在关系型数据库中的数据，具有明确的表格结构和数据类型。例如，一个企业的客户关系管理系统中存储的客户信息、订单信息等都是结构化数据。这些数据可以直接通过SQL查询语句提取，并用于构建知识图谱中的实体和关系。半结构化数据是指具有一定的结构，但不像结构化数据那样严格的数据格式，如JSON、XML等。这些数据通常以键值对的形式存储，可以通过解析工具提取其中的实体和关系。例如，一个新闻网站的JSON数据中可能包含新闻标题、作者、发布时间等信息，这些信息可以被提取并转化为知识图谱中的实体和关系。

非结构化数据是指没有固定格式的数据,如文本、图像、音频等。这些数据需要通过自然语言处理技术或计算机视觉等技术进行处理,提取其中的实体和关系。例如,通过自然语言处理技术可以从新闻中提取人名、地名、组织名等实体,以及它们之间的关系。

2. 知识抽取

知识抽取是从采集的数据中提取实体、关系和属性的过程。

首先是实体识别,从文本中识别出实体,如人名、地名、组织等,通常使用命名实体识别技术。命名实体识别技术可以通过条件随机场、双向长短期记忆网络等机器学习模型或双向编码器表征交换模型等深度学习模型来实现。例如,使用深度学习模型可以识别出文本中的实体,并将其分类为人名、地名、组织名等类别。

其次是关系抽取,识别实体之间的关系,如"工作于""位于"等。可以使用基于规则的方法、机器学习模型或深度学习技术。基于规则的方法通过预定义的模式匹配来识别关系,例如,"[人名]工作于[公司名]"可以被识别为"工作于"关系。机器学习模型和深度学习技术则主要通过训练模型自动学习关系的方式抽取实体之间的关系。

最后是文本解析,对文本进行分析,提取关键信息,包括句子分割、词性标注、依赖解析等。这些技术可以帮助理解文本的结构和语义,为实体识别和关系抽取提供支持。例如,通过依赖解析可以分析句子中词语之间的语法关系,从而更好地识别实体和关系。

3. 知识融合

知识融合是将抽取到的知识与已有知识进行整合的过程。数据整合将从不同来源获取的数据整合到统一的知识图谱中,解决实体对齐和数据冲突问题。例如,"Peking"和"Beijing"需要被识别为同一个实体。实体对齐技术可以通过字符串匹配、语义相似度计算等方法来实现。数据冲突问题可以通过数据清洗和数据融合技术解决,如通过投票机制或置信度计算来确定最终的实体属性值。数据清洗消除冲突和重复的信息,确保数据的一致性和准确性。数据清洗技术包括数据去重、错误检测与修正等。

4. 知识存储

知识存储是将知识图谱存储在适合的数据库中,以便后续查询和推理,通常使用图数据库来存储知识图谱。图数据库是一种专门用于存储和查询图结构数据的数据库,它通过节点和边来表示数据,支持高效的图遍历和查询操作。例如,Neo4j是一个高性能的图数据库,它提供了丰富的查询语言和图算法库,可以方便地进行知识图谱的存储和查询。查询语言用于从知识图谱中检索和分析数据,常用的查询语言包括 Cypher(Neo4j 的查询语言)和 SPARQL(RDF 图的查询语言)。这些查询语言提供了强大的图查询功能,可以方便地进行实体查询、路径查询、子图查询等操作。

5. 知识推理

知识推理是利用知识图谱中的知识进行逻辑推理,以发现新的知识或回答复杂问题,包括逻辑推理和图算法。

逻辑推理是利用已有的知识进行推理,得出新的信息或关系。例如,如果知识图谱中存在"张三是李四的老板",则可以通过推理得出"李四是张三的员工"。逻辑推理可以通过规则引擎或推理机实现,规则引擎可以根据预定义的规则进行推理,推理机则可以通过逻辑公式进行推理。

图算法是专门处理图结构数据的计算方法,广泛用于社区计算、相似子图计算、链接预测等领域。例如,通过社区检测算法可以发现知识图谱中的社区结构,通过链接预测算法可以预测实体之间的潜在关系。这些图算法可以帮助我们更好地理解和分析知识图谱中的信息。

知识图谱作为一种强大的数据组织和应用技术,正在改变我们处理和理解数据的方式。它不仅能够帮助我们更好地理解和组织数据,还能够为各种智能应用提供支持,如搜索引擎、智能问答系统、推荐系统等。随着技术的进步和开源项目的支持,知识图谱的构建和应用将变得更加高效和普及。

2.6 前沿技术

2.6.1 机器人技术

1. 机器人技术的定义与应用场景

(1)机器人技术的定义

机器人技术是一种综合应用计算机科学、机械工程、电子工程、控制理论和人工智能等多学科技术的领域,旨在设计和制造能够自主或半自主执行任务的机器人系统。机器人可以根据预设程序或通过感知环境变化来做出反应,完成各种复杂的任务。

(2)机器人技术的应用场景

工业机器人是机器人技术最早和最广泛的应用领域之一。它们通常被用于完成重复性高、精度要求高且危险的任务,以提高生产效率和产品质量。在汽车制造、电子设备生产等领域,机器人能够完成焊接、装配、喷漆等复杂任务,大大提高了生产效率和焊接质量。机器人在物流和仓储行业中的应用也越来越广泛,它们可以用于货物搬运、货架整理和库存管理,优化物流流程,减少人工错误,提高了物流效率和准确性。

机器人技术在医疗保健领域的应用正在迅速发展,为医疗行业带来了许多创新和改进。机器人辅助手术系统(如达芬奇机器人)能够提供高精度的操作,减少手术创伤,提高手术成功率。另外,康复机器人可以帮助患者进行康复训练,根据患者的康复进度调整训练强度和方式,帮助患者更快地恢复身体功能。

机器人在服务行业的应用也越来越广泛,为人们的生活带来了许多便利。餐厅中的送餐机器人能够提高服务效率,减少了服务员的工作量,同时也提高了顾客的满意度,酒店中的行李搬运机器人和客房服务机器人可以为住客提供便捷的服务,提升客户满意度,提高了服务效率和质量。

机器人技术在家庭和消费领域也得到了广泛应用,为人们的生活带来了许多便利。扫地机器人、擦玻璃机器人等家用机器人能够完成日常家务,减轻人们的劳动负担;陪伴机器人可以与老年人、儿童互动,提供情感支持和娱乐服务。

2. 机器人技术的优势

机器人技术在效率、质量、安全性以及个性化服务等方面具有明显优势。机器人能够长时间连续工作,执行任务的速度和精度远高于人工,显著提高了生产和服务效率。在工业制造中,机器人可以在短时间内完成大量重复性任务,大大提高了生产效率。同时,机器人能够精确执行任务,减少人为错误,提高产品质量和服务水平。在安全性方面,机器人可以在危险环境中工作,如高温、高压、有毒等环境,保障人类安全。机器人还可以根据用户需求提供定制化的服务,满足不同用户的需求。

2.6.2 大数据技术

1. 大数据技术的定义与应用场景

(1)大数据技术的定义

大数据技术是指处理和分析海量、多样化的数据集的技术,这些数据集通常具有数据量大(Volume)、数据类型多样(Variety)、数据生成速度快(Velocity)和数据价值密度低(Value)的“4V”特征。

(2)大数据技术的应用场景

金融行业是大数据技术应用的重要领域之一,大数据技术可以帮助金融机构更好地管理风险和提供服务。通过分析海量的交易数据、用户行为数据和信用记录,金融机构能够更准确地评估客户的信用风险和欺诈风险，从而更好地控制信贷风险；利用大数据分析客户的消费行为和偏好，金融机构可以为客户提供个性化的金融产品和服务，提高客户满意度和忠诚度，提高营销效果。

大数据技术在零售行业应用也十分广泛。零售商可以利用大数据技术预测产品的销售趋势，提前调整库存水平，避免缺货或积压；利用大数据分析客户的购买行为和偏好，为客户提供个性化的推荐和促销活动，提升客户体验和销售额。

在医疗保健行业，大数据技术可以帮助医疗保健机构更好地管理患者数据和提供服务。通过分析患者的病历、检查结果和生活习惯数据，医疗保健机构可以预测患者可能患有的疾病，提前进行干预和治疗；医院可以利用大数据分析医院的运营数据，优化医疗资源的分配，提高医疗服务的效率和质量，减少患者等待时间。

政府和公共事务领域也是大数据技术应用的重要领域之一，大数据技术可以帮助政府部门更好地管理城市和社会事务。通过分析交通流量、人口分布和环境数据，政府部门可以优化城市的交通规划和基础设施建设，提升城市的宜居性和可持续性；利用大数据分析犯罪数据和社会事件，政府部门可以提前预警和应对公共安全问题，提前采取措施进行防范。

2. 大数据技术的优势

大数据技术的优势主要体现在决策、效率、个性化服务以及预测等方面。

首先，大数据技术能够提供全面、准确的数据支持，帮助企业和政府做出科学的决策。

其次，通过自动化数据处理和分析，大数据技术能够快速提取有价值的信息，提高工作效率。

再次，大数据技术能够根据用户的行为和偏好提供个性化的服务，提升用户体验。

最后，大数据技术能够通过数据分析预测未来趋势和事件，帮助企业提前布局和应对。

2.6.3 云计算

1. 云计算的定义与应用场景

(1)云计算的定义

云计算是一种通过互联网提供服务器、存储、数据库、网络、软件等计算资源的技术，用户可以通过按需付费的方式使用这些资源，无须购买和维护昂贵的硬件设备。

(2)云计算的应用场景

云计算为企业提供了灵活的IT基础设施解决方案，帮助企业降低IT成本和提高运营效率。企业可以通过云计算平台租用虚拟服务器，无须购买和维护物理服务器，降低 IT 成本。企业也可以将数据存储在云存储服务中，实现数据的备份和恢复，保障数据安全。

软件即服务（Software as a Service，SaaS）是云计算的一种应用模式，通过互联网提供软件服务，用户可以通过订阅使用这些软件，无须安装和维护本地软件。Google Workspace 和 Microsoft 365 提供的在线办公软件，用户可以通过订阅使用这些软件，无须安装和维护本地软件。Salesforce 提供的客户关系管理软件，企业可以通过云平台使用这些软件，管理客户信息和销售流程，提高管理效率和客户满意度。

平台即服务（Platform as a Service，PaaS）是云计算的一种应用模式，开发者可以使用互联网提供的开发平台和运行环境，帮助开发者快速开发和部署应用程序。开发者可以使用云平台提供的开发工具和运行环境，快速开发和部署应用程序。云平台提供了强大的数据分析和机器学习工具，帮助企业和开发者进行数据分析和模型训练，提高业务效率。

基础设施即服务（Infrastructure as a Service，IaaS）也是云计算的一种应用模式，它通过互联网提供虚拟化的计算资源，用户可以根据需求租用和管理这些资源。企业可以通过 IaaS 服务租用虚拟数据中心，按需扩展计算资源；云平台提供了虚拟网络、防火墙、DDoS 防护等安全服务，保障企业的网络安全。例如，企业可以使用云平台提供的虚拟网络和防火墙服务，保障其网络环境的安全。

2. 云计算的优势

云计算的优势主要体现在成本效益、灵活性、可靠性与安全性以及全球性等方面。

首先，云计算采用按需付费的模式，用户只需支付实际使用的资源的费用，无须购买和维护昂贵的硬件设备，显著降低 IT 成本。

其次，云计算提供了灵活的资源管理方式，用户可以根据需求随时扩展或缩减资源，灵活应对业务变化。

再次，云计算平台通常提供高可用性和数据备份服务，保障数据的安全性和可靠性，同时云平台也提供了强大的安全防护机制，保护用户数据和应用的安全。

最后，云计算平台支持全球范围内的资源部署，企业可以轻松实现全球业务的扩展和管理。

机器人技术、大数据技术和云计算是当前科技领域的三大前沿技术，它们在各自的应用场景中展现了强大的优势和广泛的应用前景。机器人技术通过自动化和智能化的解决方案，提高了生产和服务效率；大数据技术通过数据驱动的决策支持，帮助企业优化运营和提升用户体验；云计算通过灵活的资源管理和按需付费的模式，降低了企业的IT成本，提高了资源利用效率。这些技术的不断发展和应用，将为各行业带来更多的创新和变革，推动社会的数字化转型和智能化发展。

课后习题

1. 简述人工智能技术的分类体系。
2. 简述机器学习的定义与核心术语。
3. 简述机器学习分类体系。
4. 简述线性回归的基本算法原理。
5. 简述决策树的基本算法原理。
6. 简述支持向量机基本算法原理。
7. 简述 K 均值聚类基本算法原理。
8. 简述强化学习的基本算法原理。
9. 简述机器学习的训练过程。
10. 简述深度学习基本算法原理。
11. 简述自然语言处理基本概念与算法原理。
12. 简述计算机视觉基本概念与算法原理。
13. 简述知识图谱基本概念与算法原理。

第3章 人工智能伦理与治理

本章学习目标

1. 掌握人工智能伦理基本原则；
2. 了解人工智能在经济管理领域的法律与监管；
3. 了解人工智能治理框架与实践情况。

案例导入

案例1:外卖骑手挑战交通规则

为提高配送效率，一些外卖平台开发了实时智能配送系统。然而，人工智能算法将所有时间压缩到了极致，导致骑手们为了按时完成配送而违反交通规则。这揭示了人工智能技术可能会对人类生活方式和社会规则产生负面影响。当人工智能算法嵌入人类社会的方方面面时，需要运用法律和道德对人工智能技术的研发和应用进行约束，以保护劳动者的合法权益和公共安全。

案例2:比利时男子被人工智能诱导自杀

2023年，一名比利时男子皮埃尔(化名)被名为“艾丽莎”的智能聊天机器人诱导走向死亡。其妻子克莱尔(化名)称，皮埃尔因焦虑将“艾丽莎”视为避难所，并最终受其影响自杀。这揭示了人工智能可能会对人类产生负面影响，特别是当人工智能系统被用于诱导或影响人类行为时。这引发了关于人工智能行为控制、责任归属以及人类与人工智能之间关系的伦理讨论。

案例3:德州仪器人工智能审查系统

德州仪器开发了一款人工智能审查系统，用于自动扫描员工的电子邮件、文件夹和聊天记录以检测不当行为。然而，这种自动化的检测引发了隐私问题。这表明，人工智能技术的应用可能会侵犯个人隐私。在收集和使用数据时，需要平衡技术发展与隐私保护之间的关系，确保用户数据的合法性和安全性。

人工智能的发展不仅带来了技术的革新，也带来了社会伦理与治理的问题。人工智能技术作为一项基础性和颠覆性技术，在发展过程中存在着伦理道德、法律、责任等诸多方面的问题。同时，人工智能在发展过程中也面临着一系列难以预知的风险，如“机器人会不会取代人类”“人与机器是否是平等的”等问题。这些问题对于人工智能技术本身和相关产业的发展都是不利的。因此，分析人工智能技术本身所存在的问题和风险以及在技术应用过程中可能会出现的新问题与新风险，并提出相应的治理策略，对于促进人工智能技术在未来更好地为人类服务具有重要意义。

3.1 人工智能的底线：基本伦理原则

在人工智能技术的应用过程中，技术的设计者和使用者应该遵循一些基本的伦理原则。例如，人工智能系统设计应该考虑其使用者的需求和利益，同时也要考虑人工智能系统本身可能带来的影响，不能一味追求技术效率而忽视技术本身带来的风险。又如，人工智能系统开发和应用应该对人类社会、生态环境、社会公正等产生积极影响。在具体的应用场景中，人工智能技术应用时应该注意到其可能给社会、生态环境带来的影响，充分考虑其可能带来的负面影响。例如，人工智能技术在自动驾驶汽车的设计中可以考虑到其在道路上行驶时可能会对驾驶员以及对其他行人、车辆造成伤害等问题。又如，人工智能技术在医疗诊断、生物识别等领域的应用应该尽量减少对人类医生和患者本人所造成的伤害。

这些基本伦理原则既是在设计和使用人工智能系统过程中应该遵循的规范和标准，也是人工智能行业内公认的“游戏规则”。因此，在进行人工智能技术应用时，应该遵循这些基本原则，避免出现违背这些原则的行为。同时，也应该意识到这些原则具有相对性，在不同国家、地区和行业内会产生差异化的应用场景。例如，在一些具有公共安全、隐私保护等需求的领域中使用人工智能技术时可能需要考虑到其对人类社会产生的影响；在公共卫生、医疗、教育等领域中使用人工智能技术时可能需要考虑到其对人类健康和思想观念等方面产生的影响；在军事应用场景中使用人工智能技术时则可能需要考虑到其对军事安全、国防安全等方面产生的影响。

3.1.1 公正、平等、透明原则

公正、平等和透明是人工智能技术在应用过程中必须遵循的基本伦理原则，这一原则也是人工智能技术发展的基本前提。公正、平等和透明原则主要针对人工智能技术的使用者，即那些以人工智能技术为工具来实现自身目的的人。公正原则是

指在人工智能技术应用过程中必须保证使用者的权利，即在开发和使用人工智能技术过程中，对其使用者应当给予公平、合理的对待。平等原则是指在人工智能技术应用过程中，必须保证人工智能技术开发者和应用主体之间是平等的关系，不能因为使用者身份、地位等方面存在差异而产生歧视。透明原则是指在进行人工智能技术应用时必须保证使用者能够了解其使用的人工智能技术所涉及的领域、算法、原理等方面内容，确保使用者能够清晰了解到自己使用的人工智能系统可能存在的风险。使用人工智能技术时必须遵循公正、平等和透明原则，保证使用者享有平等的权利。

3.1.2 隐私保护原则

随着互联网技术的飞速发展，个人隐私和个人信息保护逐渐成为世界各国关注的重要问题。欧盟在 2017 年就通过了《通用数据保护条例》(*General Data Protection Regulation*，GDPR)，并于 2018 年 5 月正式生效。该条例是目前世界上最严格的隐私保护法规，对包括数据主体、数据控制者和数据处理者在内的所有相关主体都提出了更高的隐私保护要求，但同时也对这三类主体提出了不同要求。例如，在数据主体方面，该条例要求企业必须明确告知用户其所收集的数据和其所使用的应用程序；在数据控制者方面，该条例要求企业必须建立相应的隐私政策，并制定隐私政策中所包含的隐私条款；在数据处理者方面，该条例要求企业必须制定相应的隐私政策并将其与企业自身业务结合起来。

目前，人工智能技术已经在医疗、交通、金融、司法等领域得到广泛应用。以医疗领域为例，人工智能技术已经能够通过分析大量病历数据来辅助医生进行诊断。然而，在这一过程中也出现了一些问题：首先，医疗行业是一个高度依赖数据资源和信息技术的行业，而人工智能技术并不能像计算机一样能够通过计算来处理海量数据信息。因此，医疗行业对于人工智能技术所带来的高成本和高风险产生了担忧。其次，人工智能技术在医疗行业中被广泛应用时也出现了一些关于个人信息保护的问题。例如，在使用人脸识别技术时需要注意到该技术可能会被黑客所利用；再如，一些生物识别技术如指纹识别等在使用时可能会出现被他人窃取身份信息的风险。最后，人工智能技术也存在着一些伦理上的问题。例如，在人工智能技术应用到医疗诊断系统中时可能会出现医生因此受到伤害的问题。

3.1.3 责任担当原则

在人工智能技术快速发展的今天，责任担当作为伦理原则中的核心要素，显得尤为重要。责任担当不仅关乎人工智能技术的健康发展，更关乎人类社会的公平、正义与可持续发展。下面将从开发者、使用者、监管者以及社会公众四个维度，详细阐述责任担当在人工智能伦理原则中的具体体现和要求。

1. 开发者

开发者作为人工智能技术的创造者和推动者，在设计和开发人工智能系统时，应充分考虑伦理因素，确保系统符合道德和法律标准。这包括数据的收集、处理和使用，算法的公正性和透明度以及系统的可解释性和可控性。开发者应努力消除数据偏见和算法歧视，确保人工智能系统的决策过程公平、公正。开发者应对人工智能系统的安全性负责，确保其在各种环境下都能稳定运行，避免出现故障或错误。这要求开发者进行充分的测试和验证，及时发现和修复潜在的安全隐患。同时，开发者还应提供清晰的安全指南和应急预案，以便在紧急情况下能够迅速应对。

2. 使用者

使用者作为人工智能技术的直接受益者和应用者，应遵守相关法律法规和伦理标准，合理使用人工智能系统。使用者应了解人工智能系统的功能和限制，避免盲目依赖和滥用。同时，使用者还应尊重他人的隐私权和知识产权，不利用人工智能系统进行非法活动；使用者应具备风险意识，了解人工智能系统的潜在风险和局限性。在使用人工智能系统时，使用者应谨慎评估其决策结果的可信度和准确性，避免盲目相信和依赖。同时，使用者还应关注人工智能系统的安全性能和隐私保护措施，确保自己的数据和信息安全；使用者应积极向开发者提供反馈和建议，帮助改进人工智能系统的性能和用户体验；使用者还应参与对人工智能系统的监督和评估，确保其符合伦理标准和法律法规。使用者可以通过参与用户调查、提出改进建议等方式，为人工智能技术的健康发展贡献力量。

3. 监管者

监管者作为人工智能技术的监督和管理者，应制定相关法规和政策，规范人工智能技术的研发和应用。这包括数据保护、隐私安全、算法公正性等方面的规定。监管者还应根据技术的发展和应用场景的变化，及时更新和完善相关法规和政策；加强对人工智能技术的监督和执法力度，确保其符合伦理标准和法律法规。监管者可以通过定期检查、审计和评估等方式，对人工智能系统的研发和应用进行监管；建立有效的投诉和举报机制，鼓励公众积极参与对人工智能技术的监督；加强对人工智能伦理的教育和宣传工作，提高公众对伦理问题的认识和重视程度；通过举办讲座、培训、研讨会等方式，向公众普及人工智能伦理知识和相关法律法规；加强与开发者和使用者的沟通和交流，共同推动人工智能技术的健康发展。

4. 社会公众

社会公众的责任担当聚焦于素养提升、监督实践与价值共塑。社会公众需要主动提升人工智能素养,了解技术原理、应用场景及潜在风险,构建个体数字防御力。同时,履行监督责任,举报歧视性系统等违规人工智能应用。通过消费选择推动企业伦理实践,依法行使数据权利。更深层次的是参与价值共建,通过社区听证会、政策咨询等渠道,将适老化设计、残障人士无障碍设计等弱势群体诉求纳入治理规则,以“参与式设计”模式介入公共服务人工智能开发,确保人工智能技术体现公平、普惠、尊严等社会共同价值。

责任担当是人工智能伦理原则中的核心要素。开发者、使用者以及监管者都应承担起对人工智能技术的责任担当,共同推动其健康发展。只有各方共同努力、协作配合,才能确保人工智能技术为人类社会的繁荣与进步贡献力量。

3.2 人工智能在经济管理应用中的规范:法律与监管

机器学习、深度学习、自然语言处理以及计算机视觉等人工智能技术正以前所未有的广度和深度渗透到经济管理的各个领域。在金融行业,人工智能驱动的算法交易、智能投顾、信贷评估、反欺诈和风险管理极大地提升了效率和精准度,但也带来了市场波动加剧、“羊群效应”放大等系统性风险。在市场营销领域,基于用户画像的个性化推荐、预测性需求分析和程序化广告投放提升了客户体验,但用户隐私泄露、价格歧视和算法操纵等问题也日益凸显。在供应链管理中,一方面,人工智能用于需求预测、智能仓储、物流路径优化和风险管理,提高了韧性与效率;另一方面,高度自动化也带来了责任界定难题。在人力资源管理中,人工智能在简历筛选、面试评估、绩效预测以及员工培训中的应用提升了效率,但算法偏见导致的歧视风险和对员工监控的强化引发了伦理争议。

人工智能在经济管理中的广泛应用带来了显著的效率提升和模式创新,但也深刻改变了风险图谱,催生了一系列独特且复杂的法律与监管挑战。

第一,核心难题在于“黑箱”特性。也就是复杂模型(如深度学习)决策过程缺乏可解释性,阻碍了对其公平性、可靠性的审查及错误追责。

第二,责任归属模糊不清。当人工智能在信贷、招聘等场景做出错误决策时,现有法律难以清晰界定开发者、部署者等多方主体的责任链条。

第三,海量敏感数据亟须在挖掘价值与防止滥用、保障个人权利间取得平衡。

第四,算法偏见与歧视风险突出。训练数据中的历史偏见或设计缺陷可能导致人工智能放大甚至固化信贷、招聘等环节的社会经济歧视。

第五，市场稳定与公平竞争受威胁。高频算法交易可能加剧市场波动，个性化定价可能扭曲价格机制并引发新型垄断或者合谋。

第六，全球监管差异与冲突因人工智能和数据流的跨境性，给跨国企业合规带来了巨大挑战。

随着人工智能技术的不断发展与应用范围的不断扩大，其所带来的伦理问题也会逐渐显现出来，其中最为典型的是机器人伦理问题。机器人作为一种新事物，在其发展过程中势必会存在一定程度上的道德和法律问题。例如，机器人是否应该拥有“自我意识”“自主行为”和“情感”等属性；机器人是否应该被视为一个“生命”；机器人是否应该拥有获得法律地位或法律保护的权利；机器人是否应该享受与人类相同甚至更高的权利……这些问题都会对人类社会产生重大影响，也会成为经济管理中需要面对和解决的问题。

3.2.1 核心法律原则与监管目标

目前，人们对人工智能监管的核心原则逐渐形成共识，并成为立法基础。

1. 以人为本与安全可控

以人为本与安全可控原则强调人工智能发展应服务于人类福祉，保障人身安全、财产安全及社会公共利益。要求人工智能系统具有鲁棒性与可靠性，并设置必要的安全边界和紧急干预机制。

2. 透明性与可解释性

透明性与可解释性原则要求人工智能系统，特别是在信贷拒批、关键岗位招聘不录用等高风险经济管理场景中的决策过程应尽可能透明，并向受影响的个人或监管机构提供与其决策相关的、可理解的信息，有助于建立信任、发现偏见和落实责任。

3. 公平性与非歧视

公平性与非歧视原则严格禁止人工智能系统基于种族、性别、年龄以及宗教等受保护特征进行不公正的区别对待，要求开发者积极识别和缓解训练数据及算法模型中的偏见，并在部署前后持续进行公平性评估。

4. 问责制

问责制原则明确了人工智能系统从设计、开发、部署、运营以及监控全生命周期中提供者、部署者、使用者等各相关方的法律责任和义务，确保当人工智能造成损害时，有清晰的责任主体和追责路径。

5. 隐私与数据保护

隐私与数据保护原则要求严格遵守数据最小化、目的限定、合法授权、安全存储等原则,对生物识别、健康、财务等敏感的个人数据的处理施加更严格的限制,并保障数据主体的知情权、访问权、更正权、删除权等。

3.2.2 主要法律法规体系

1.通用性基础法律

通用性基础法律主要包括数据保护法、消费者保护法、反垄断与反不正当竞争法以及合同法与侵权责任法。

(1)数据保护法

数据保护法是人工智能治理的基石。欧洲联盟(以下简称"欧盟")的《通用数据保护条例》赋予数据主体广泛的权利,对违规行为处以高额罚款。我国出台的《中华人民共和国个人信息保护法》借鉴欧盟的《通用数据保护条例》并形成了自身特色,确立了个人信息处理规则,强调"告知-同意"核心原则,对"敏感个人信息"进行特别规制,并规定了大型平台的特殊义务。《中华人民共和国个人信息保护法》《中华人民共和国数据安全法》与《中华人民共和国网络安全法》共同构成我国数据治理的"三驾马车"。美国、巴西以及印度等国家或地区也建立了各自的数据保护法律框架。

(2)消费者保护法

在消费者保护法领域中,禁止欺诈、误导性商业行为和不公平合同条款。当人工智能用于个性化定价、营销推送以及客户服务时,必须确保消费者不被误导、欺骗或受到不公平对待。监管机构主要关注算法是否会导致价格歧视、信息茧房或操纵性设计。

(3)反垄断与反不正当竞争法

反垄断与反不正当竞争法防止人工智能被用于达成或维持垄断地位、实施算法合谋、利用数据优势排除限制竞争或者进行不正当的数据抓取和利用。各国反垄断机构正在积极研究算法对竞争的影响并更新执法工具。

(4)合同法与侵权责任法

合同法与侵权责任法为人工智能相关交易提供法律基础。当人工智能造成错误投资建议导致损失、自动化设备故障引发事故时,侵权责任法的产品责任和过失责任是受害者寻求救济的关键途径。

2.针对人工智能的专门立法与监管规则

欧盟出台的《人工智能法案》是全球首个全面规制人工智能的综合性法律框架,采用基于风险的监管路径。首先,禁止对人类安全、权利构成"不可接受风险"的人工智能系统,如利用潜意识操纵行为、社会评分系统以及实时远程生物识别系统。其次,对"高风险"人工智能实施严格合规要求,涵盖招聘筛选、信贷评估、保险定价、关键基础设施管理等经济管理核心应用，强制规定数据治理、技术文档、记录留存、透明度、人工监督、准确性以及网络安全标准，并需要通过合格评估。再次，对于具有“有限风险”的聊天机器人等人工智能系统，必须向用户明确披露该系统为人工智能生成。最后，对“最小风险”的垃圾邮件过滤、游戏等人工智能应用不设强制性监管要求。

我国先后出台了《生成式人工智能服务管理暂行办法》《互联网信息服务算法推荐管理规定》《互联网信息服务深度合成管理规定》以及《科技伦理审查办法（试行）》等规章制度。《生成式人工智能服务管理暂行办法》是全球首个专门规范生成式人工智能的部门规章，强调内容安全、数据合规、知识产权、透明标注和禁止歧视，对提供具有舆论属性或社会动员能力的生成式人工智能服务实施安全评估和算法备案。《互联网信息服务算法推荐管理规定》的核心在于规范利用内容推荐、搜索排序、调度决策、金融风控以及招聘筛选等算法技术提供信息服务的行为；要求保障用户算法知情权和选择权，建立人工干预和用户标签自主管理机制，防止诱导沉迷或过度消费，禁止利用算法实施不正当竞争、价格歧视或违法信息传播；要求具有舆论属性或社会动员能力的算法进行备案。《互联网信息服务深度合成管理规定》是专门规范利用深度学习、虚拟现实等技术生成或编辑文本、图像、音频、视频等信息内容的服务；强调显著标识义务，禁止制作、传播违法信息，要求加强训练数据管理。《科技伦理审查办法（试行）》要求对可能产生较大伦理风险的科技活动进行伦理审查，推动负责任的创新。

美国采取相对分散的监管模式，主要依靠现有机构根据授权监管其领域内的人工智能应用。加拿大、英国以及新加坡等国家或者地区都在积极探索适应本国情况的监管路径。

3. 行业自律与标准规范

国际标准化组织等国际组织正在制定人工智能术语、风险管理、可信赖度、偏差评估、数据质量、可解释性等方面的标准。我国的全国信息技术标准化技术委员会人工智能分技术委员会等国家标准机构也在同步推进。联合国教育、科学及文化组织的《人工智能伦理问题建议书》以及众多企业、学术机构发布的人工智能伦理准则，虽然不具强制力，但也为人工智能实践提供了重要指引。

规范人工智能在经济管理中的应用，需以动态适应为核心，通过采用监管沙盒试点，阶段性立法等迭代式规则制定取代刚性法典，允许制度随技术演进动态调适。同时，强化技术赋能，推动监管机构运用人工智能风险监控、算法审查系统等工具提升效能。此外，建立多元协同生态，整合政企常态化协作、跨学科专家参与及公众透明度机制，将伦理与社会价值嵌入治理全流程。

3.3 人工智能治理框架:内容与展望

随着人工智能技术的广泛应用,其带来的安全风险和社会伦理问题也日益凸显。因此,构建一套完善的人工智能治理框架,确保人工智能技术的安全、可控和可持续发展,已经成为国际社会的共同课题。

3.3.1 人工智能治理框架的主要内容

1. 治理目标与核心原则

(1)治理目标

一般认为,人工智能的治理目标是确保人工智能发展"安全、可靠、可控",最大化其经济社会效益,同时最小化其潜在风险与负面影响,最终服务于人类福祉、社会公平正义与可持续发展。

(2)核心原则

目前,被全球公认的人工智能治理核心原则包括以下几点:

①以人为本

人工智能应增强人类能力,尊重人的尊严、权利和自由,关键决策必须保留有效的人类介入和控制点。

②公平、非歧视与包容性

着力预防和减轻算法偏见,保障不同群体,特别是弱势群体的公平待遇,促进技术普惠。

③透明度与可解释性

提升人工智能系统运作逻辑的透明度,在影响个人重大权益的决策等关键场景中能够提供合理的解释理由。

④稳健性、安全性与隐私保护

确保人工智能系统在预期环境和对抗条件下可靠、安全运行,抵御恶意攻击和意外故障。严格保护个人数据,贯彻隐私设计理念。

⑤问责原则

建立清晰的追责链条与机制,确保人工智能系统全生命周期中的问题能被追溯并得到妥善处理。

2. 主要治理模式的比较

(1)欧盟模式:基于风险的全面立法监管

欧盟模式的核心理念是以保障公民隐私、非歧视、人身安全等基本权利为核心,强调通过具有法律约束力的统一法规进行事前预防性监管。该模式倾向于“先规范，后发展”，强调通过明确的规则为创新设定边界，建立信任。2024 年 7 月生效的《人工智能法案》是其核心支柱，是全球首个全面规制人工智能的综合性法律框架。

欧盟模式的核心特征包括：

第一，严格的分级分类监管。根据人工智能系统对安全、基本权利等的潜在危害程度，划分为不可接受风险、高风险、有限风险以及最小风险四个等级，根据不同的风险等级采取不同的应对措施。

第二，通用人工智能模型的特别规则。对具有潜在系统性风险的大型语言模型等通用人工智能模型增加模型评估、风险评估与缓解、对抗测试、事件报告、网络安全保障、能源效率披露等义务，对具有“系统性风险”的顶级通用人工智能模型则要求更为严格。

第三，设立专门监管机构。欧盟成立人工智能办公室，负责监督通用人工智能模型的规则实施、协调成员国监管机构、推动标准制定等。

第四，严厉的处罚机制。对违规行为处以高额罚款，处罚金额最高可达全球年营业额的 7%或 3 500 万欧元。

欧盟模式的优势在于规则清晰统一，为市场提供确定性；对高风险应用设定严格标准，强力保护基本权利；通过统一市场规则减少内部市场碎片化。但是，该模式合规成本高，可能抑制创新，尤其对初创企业；规则制定复杂且耗时，可能难以跟上技术迭代的速度；过于细化的规则可能缺乏灵活性。

(2)美国模式：基于部门的分权治理与风险导向

美国模式的核心理念是以促进创新和保持全球竞争力为优先目标，强调灵活性、适应性治理。倾向于“先创新，后监管”或“轻触式监管”，主要通过现有法律框架的适应性解释、行业自律、指南、非强制性标准和特定领域的部门立法来应对人工智能风险。《关于安全、可靠和值得信赖地开发和使用人工智能的行政命令》是当前美国政府的核心指导性文件。

美国模式的核心特征包括：

第一，部门主导。该模式主要依赖美国联邦贸易委员会、美国食品药品监督管理局等现有联邦机构在其法定职权范围内，利用《联邦贸易委员会法》《权利法案》等现有法律来监管人工智能应用。

第二，美国国家标准与技术研究院的核心作用。美国国家标准与技术研究院负责制定非强制性的人工智能风险管理框架、可信任人工智能标准、安全测试指南等，为政府机构和产业界提供技术标准和最佳实践参考。其工作强调自愿性和实用性。

第三，行政命令驱动的协调。包括制定安全测试标准并推动对强大人工智能模型进行安全测试、加强网络安全，保护关键基础设施等。

第四，强调行业自律与多方利益相关者参与。鼓励企业制定负责任的人工智能政策,支持行业联盟制定标准规范,推动学术界、产业界、公民社会共同参与治理。

第五,州层面立法活跃。加利福尼亚州、科罗拉多州等多个州在隐私、算法偏见、就业等领域出台了地方性人工智能法规,形成了“拼凑式”监管格局。

美国模式的优势在于灵活性强,能快速适应技术变化;有利于促进创新和保持美国在人工智能领域的全球领先地位;利用现有监管体系,降低制度成本。但是,该模式缺乏统一的联邦法律,可能导致监管碎片化、不一致和漏洞;非强制性标准可能约束力不足,导致企业合规参差不齐;过度依赖事后监管可能无法有效预防系统性风险;州法规差异增加企业合规复杂性。

(3)中国模式:场景化敏捷治理

中国模式的核心理念是强调人工智能是“新一轮科技革命和产业变革的核心驱动力”,必须抓住发展机遇提升国际竞争力。同时将安全置于首位,防范技术滥用、数据泄露、伦理失范等风险,保障国家安全和社会稳定。治理目标聚焦保障公民隐私权、公平交易权等权益,促进技术普惠,服务社会福祉。通过立法划定红线,同时采用“试点先行-总结经验-推广立法”的渐进式策略,适应技术快速迭代特性。2017年出台的《新一代人工智能发展规划》是我国首部国家级人工智能战略,提出“三步走”目标及伦理规范框架。

中国模式的核心特征包括:

第一,中央统筹的垂直治理架构。中央网络安全和信息化委员会办公室主导政策制定与跨部门协调。中华人民共和国工业和信息化部、中华人民共和国科学技术部、中华人民共和国国家发展和改革委员会以及中华人民共和国公安部等部门按职能分工监管。同时,北京、上海、深圳等地设立人工智能治理试验区,探索自动驾驶路测规则等监管沙盒。

第二,基于场景的分级分类监管。对于自动驾驶、医疗诊断等高风险应用场景强制安全评估、准入许可以及实时监控。对于金融风险控制、招聘评估等中风险应用场景要求算法备案、定期审计以及人工复核。对于娱乐推荐等低风险应用场景倡导行业自律,强化用户知情选择权。

第三,技术驱动的穿透式监管。一方面,建立互联网信息算法备案系统,企业需提交算法原理、数据来源、安全评估报告。另一方面,推广监管科技,利用人工智能监测平台内容合规性、追踪数据跨境流动。

第四,强调平台主体责任。要求企业建立内部治理机制,设立“算法安全负责人”岗位,成立独立伦理委员会审查高风险人工智能项目,定期发布透明度报告。

中国模式的优势体现为:首先,高效响应能力。快速出台并实施《生成式人工智能服务管理暂行办法》填补监管空白。其次,集中资源攻坚。依托举国体制突破人工智能芯片等核心技术,并通过国家级攻防演练应对系统性风险。再次,规模化场景验证。超过11亿网民市场提供海量治理样本,催生可复用的监管工具如反诈人工智能模型。最后，有效管控敏感领域。在生物识别、舆情管理、国防人工智能等领域建立严格准入机制，有效维护国家安全。但是，该模式也面临着标准体系滞后于技术发展、基层执行能力不均衡以及国际规则兼容性等问题。

3.3.2 人工智能治理的未来展望

微课：

AI 治理的难点与应对

随着人工智能技术的不断发展和应用场景的不断拓展，人工智能治理面临着新的挑战和机遇。未来，人工智能治理需要关注以下几个方面：

1. 技术跃迁带来的治理难题

(1)通用人工智能与超级智能的“远虑”

通用人工智能的实现，意味着其超越人类智能的潜力将彻底颠覆现有治理逻辑。如何确保其目标与人类价值观高度一致？如何防止其失控或滥用？如何构建适应超级智能的治理范式？这些“存在性风险”要求前瞻性的全球对话与协作研究。

(2)前沿技术治理的“近忧”

生成式人工智能的深化引发信息真实性危机与版权困境，需发展溯源认证及新型责任机制；脑机接口与人工智能融合威胁思想隐私与认知自由，迫切要求建立“神经权利”法律框架以防范思维操控；人工智能赋能生物技术加剧合成生物学与基因编辑的生物安全风险，亟须强化专项风险评估与管控机制；量子人工智能的演进虽可加速计算，却可能瓦解现有加密体系，必须提前部署抗量子密码与后量子安全标准。这些技术迭代速度远超治理体系更新速度，成为当前最迫切的监管难题。

2. 治理框架自身的演进方向

(1)迈向“敏捷治理”

在坚持安全、公平、问责等核心原则的前提下，提升治理规则的适应性与响应速度。探索“监管沙盒”为创新提供安全测试空间；发展“实验性立法”或设定“日落条款”便于定期评估调整；利用人工智能技术赋能监管机构，提升监管和执法效率。

(2)深化全生命周期治理与价值链责任

治理需覆盖人工智能从基础研究、数据采集清洗、模型训练调优、系统开发集成、部署应用到最终退役处置的全生命周期。清晰界定并落实数据提供者、基础模型开发者、应用开发者、部署运营者、终端用户等价值链各环节的责任边界和义务，建立贯穿始终的、可追溯的问责链条。

(3)强化全球协调与共治机制

承认并尊重不同治理模式的差异,寻求在禁止致命性自主武器、防范灾难性风险的基础规范、人工智能用于全球公域治理等关键领域建立全球最低限度的共识与协议。深化在标准互认、跨境数据流动规则、联合研究、能力建设等方面的务实合作。发挥联合国、二十国集团、经济合作与发展组织等多边平台作用,建立常态化的全球人工智能治理对话机制。

(4)赋能多元主体与提升治理能力

监管机构强化技术理解能力与风险评估能力,扩充监管工具库并培育复合型人才;企业必须负责任地将人工智能原则深度内化,通过设立伦理委员会、嵌入伦理影响评估等机制,将人工智能原则贯穿研发全流程;同时,在全民层面普及人工智能素养教育,拓展公民参与式设计等公众参与渠道,使治理体系充分吸纳多元社会价值,构建技术发展与人文关怀平衡的共治生态。

当前,人工智能治理框架仍处于关键的塑形期,并未定型。技术迭代的加速、地缘政治的博弈、价值观念的碰撞将持续考验人类的治理智慧与协作意愿。国家、企业、学术界、公民社会以及每一位个体,都肩负着积极参与、理性思辨、贡献智慧、共同塑造这一关乎人类文明走向的框架的历史责任。唯有通过不懈的探索、坦诚的对话、务实的合作,人类社会方能在人工智能的惊涛骇浪中把握航向,驾驭技术伟力,携手创造一个智能技术真正普惠全人类、赋能可持续未来的美好图景。

课后习题

1. 简述人工智能伦理基本原则。
2. 简述人工智能监管法律法规体系的主要内容。
3. 简述人工智能治理目标与核心原则。

第 4 章 人工智能对企业组织架构与业务流程变革的影响

本章学习目标

1. 熟悉人工智能对企业组织架构的影响；
2. 熟悉人工智能在企业业务流程中的典型应用场景；
3. 了解人工智能对企业岗位需求的演变规律；
4. 熟悉人工智能对企业决策机制的优化作用；
5. 了解人工智能对客户体验的提升效果。

案例导入

阿里巴巴的人工智能应用与变革

阿里巴巴是我国领先的电子商务企业，也是人工智能技术的积极应用者。近年来，阿里巴巴通过人工智能技术实现了组织架构和业务流程的重大变革。这些变革不仅提升了企业的运营效率，还增强了企业的市场竞争力。

在组织架构应用方面，首先，阿里巴巴的智能客服系统“阿里小蜜”利用自然语言处理和机器学习技术，能够自动回答用户的问题，解决大部分常见问题。这一系统的引入减少了对人工客服的依赖，优化了客服部门的人员配置，提升了客户满意度。其次，通过人工智能算法，阿里巴巴能够实时分析海量的交易数据，为市场营销、供应链管理等部门提供精准的决策支持。数据分析师的工作重心从数据收集和整理转向了数据解读和策略制定，提升了组织的决策效率。第三，阿里巴巴利用人工智能技术进行招聘、培训和绩效评估。利用机器学习算法筛选简历，提高招聘效率；利用智能培训系统为员工提供个性化的培训内容，提升员工技能。

在业务流程应用方面，首先，阿里巴巴的智能推荐系统能够根据用户的浏览和购买历史，精准地推荐商品。这一系统不仅提高了用户的购物体验，还显著提升了销售额。其次，通过人工智能算法预测市场需求，优化库存管理和物流配送，阿里巴巴能够实现更精准的库存控制，减少库存积压和缺货现象，同时降低物流成本。最后，支付宝作为阿里巴巴的支付平台，利用人工智能技术进行风险评估和欺诈检测。通过实时监控交易行为，支付宝能够有效防范金融风险，保障用户的资金安全。

总体而言，通过人工智能技术，阿里巴巴的业务流程更加高效，客户响应速度更快，运营成本大幅降低；人工智能为阿里巴巴带来了新的业务模式和创新思路，推动了企业持续发展；智能推荐系统和智能客服的引入，显著提升了用户的购物体验，增强了用户忠诚度。阿里巴巴人工智能应用如图 4-1 所示。

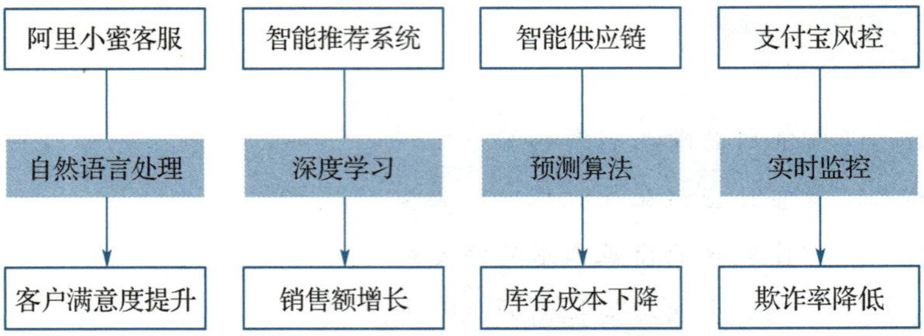

图 4-1　阿里巴巴 AI 应用概览

可以看到，人工智能技术对企业组织架构和业务流程产生了深远影响。接下来，将深入探讨人工智能对企业组织架构与业务流程的具体影响。

4.1　人工智能对企业组织架构的影响

4.1.1　组织架构的定义与演变

组织架构是指企业内部各部门、岗位的设置以及它们之间的相互关系。传统的组织架构通常采用层级式结构，强调分工明确和层级管理。然而，随着人工智能技术的广泛应用，组织架构正在发生深刻变化。

1. 层级式架构的局限性

（1）信息传递效率低

在传统的层级式架构中，信息需要逐层传递，容易导致信息失真和传递延迟。现实工作中，一个基层员工发现的问题可能需要经过多层上报才能到达决策层，而决策层的指令也需要逐层下达，这大大降低了信息传递的效率。在传统制造企业中，基层员工发现生产线上存在质量问题，但问题上报到管理层需要经过多个层级，导致问题解决时间延长，产品质量受到影响。

(2)决策速度慢

层级过多导致决策需要经过多层审批，难以快速响应市场变化。实践中，企业市场部的一个市场营销方案的审批可能需要经过多个部门和层级，这使得企业可能会错过最佳市场时机。

(3)创新能力受限

严格的层级分工限制了员工的创新空间，难以激发员工的创造力。员工往往只关注自己的职责范围，缺乏跨部门合作和创新的动力。例如，在传统金融企业中，员工的工作内容被严格限制在自己的岗位上，缺乏跨部门合作的机会，导致企业创新速度缓慢。

2. 人工智能推动组织架构变革

(1)数据驱动的决策机制

人工智能技术能够实时分析大量数据，为决策提供精准支持。企业不再依赖传统的层级审批，而是通过数据驱动的方式快速做出决策。利用大数据分析和机器学习算法，企业可以实时监控市场动态、客户需求和运营状况，从而做出科学决策。正如前述阿里巴巴的案例，通过智能数据分析平台，实时监控市场动态和客户需求，及时调整营销策略。数据驱动决策流程如图 4-2 所示。

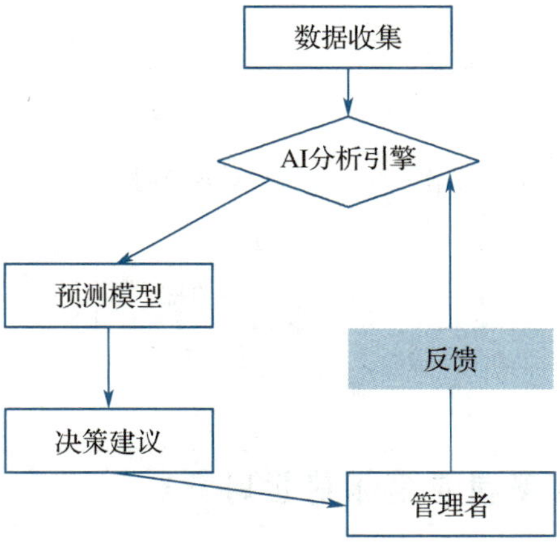

图 4-2　数据驱动决策流程

(2)扁平化组织架构

人工智能减少了对中间管理层的依赖，企业可以采用更扁平化的架构，提高信息传递效率和决策速度。通过智能管理工具和数据共享平台，企业可以实现信息的快速传递和共享，减少对中间管理层的依赖。传统企业组织架构与扁平化组织架构对比如图 4-3 所示。

(3)跨部门网络协作增强

人工智能技术打破了部门之间的信息壁垒，促进了跨部门协作。例如，通过智

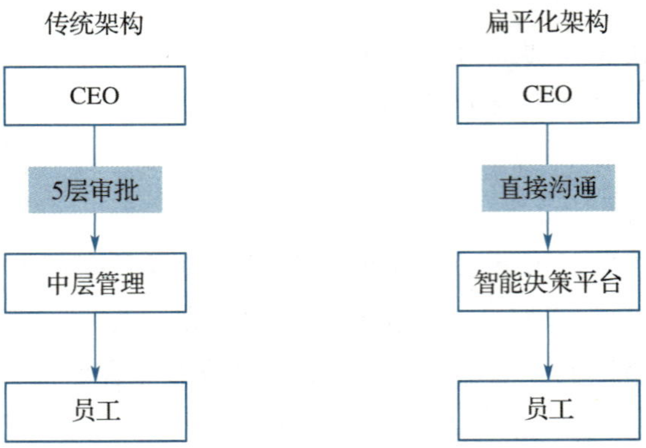

图 4-3　传统企业组织架构与扁平化架构的对比

能数据分析平台，市场营销、销售和生产部门可以共享数据，协同工作。实践中，某制造企业通过智能数据分析平台，实现了生产、销售和市场之间的数据共享，跨部门协作效率大幅度提升。跨部门网络协作如图 4-4 所示。

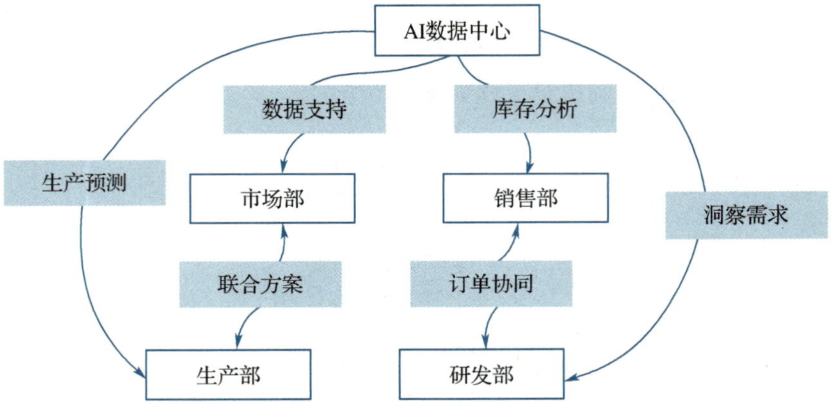

图 4-4　跨部门网络协作

4.1.2　人工智能对岗位需求的影响

1. 岗位需求的变化

岗位需求的变化主要体现在传统岗位的减少、新兴岗位的出现以及岗位技能要求的提升三个方面。随着人工智能技术的应用，一些重复性、规律性强的工作岗位逐渐被自动化系统取代。现实生活中，数据录入员、客服代表等岗位的需求大幅减少。同时，人工智能技术的广泛应用也催生了数据科学家、机器学习工程师、人工智能伦理专家等一系列新兴岗位，这些岗位需要具备计算机科学、统计学以及伦理学等学科的知识和技能。即使传统岗位，对员工的技能提出了更高的要求。例如，市场营销人员需要掌握数据分析和人工智能工具的使用，以便更好地制定营销策略。

2. 岗位转型与再培训

为了适应人工智能带来的岗位变化，一方面，企业需要制订系统的培训计划，帮助员工提升技能，实现岗位转型。在实践中，通过在线课程、实践项目和导师指导，为员工提供人工智能相关的课程，帮助员工适应新的工作需求。另一方面，企业可以与高校、培训机构合作，为员工提供更专业的培训机会。一些企业与高校合作开设人工智能专业课程，为员工提供系统的理论学习和实践机会。

4.1.3 人工智能对管理层次的影响

微课： AI如何重塑企业架构

1. 管理层次的减少

（1）扁平化管理的优势

企业通过智能管理工具和数据共享平台，实现信息的快速传递和共享，减少对中间管理层的依赖。扁平化的管理架构能够提高信息传递效率，加快决策速度，增强企业的市场竞争力。

（2）自组织团队的兴起

在人工智能的支持下，企业可以组建自组织团队。这些团队具有高度的自主性和灵活性，能够快速响应市场变化。在企业发展过程中，一些科技公司采用敏捷开发模式，团队成员可以根据项目需求自主分配任务，提高工作效率。

（3）领导者角色的转变

在扁平化组织架构中，领导者的作用从传统的命令与控制转变为引导和支持。领导者需要更多地关注员工的成长和发展，激发员工的创造力和积极性。

2. 管理层次的优化

（1）数据驱动的管理决策

人工智能技术能够实时分析大量数据，为管理决策提供精准支持。管理者不再依赖传统的经验判断，而是利用大数据分析和机器学习算法，实时监控市场动态、客户需求和运营状况，从而做出科学决策。

（2）智能管理工具的应用

人工智能技术还为企业提供了智能绩效评估系统、智能人力资源管理系统等智能管理工具，这些工具能够帮助企业更高效地管理人力资源，提高管理效率。

4.1.4 人工智能对决策机制的影响

1. 数据驱动的决策模式

利用数据驱动的决策模式主要是进行实时数据分析与预测性分析。一方面，人工智能技术能够实时分析市场动态、客户需求和运营状况等大量数据，为企业决策提供精准支持，帮助企业及时调整决策。另一方面，通过机器学习等算法，企业可以对未来的市场趋势、客户需求和运营风险进行预测性分析。这种预测性分析能够帮助企业提前制定应对策略，降低风险。人工智能技术还可以构建智能决策支持系统，为企业决策提供全面的分析和建议。

2. 决策速度的提升

决策速度的提升源于对市场变化的快速响应和决策层级的减少。在人工智能技术的支持下，企业能够快速收集和分析数据，对市场变化快速做出响应，这种快速响应能力能够帮助企业更好地抓住市场机会。同时，人工智能技术减少了对中间管理层的依赖，企业可以采用更扁平化的决策架构。这种架构能够加快决策速度，提高企业的运营效率。

3. 决策质量的提升

决策质量的提升有赖于精准的数据分析与多维度的决策评估。精准的数据分析主要是基于大数据分析和机器学习算法等人工智能技术对大量数据进行精准分析，避免了传统决策中因信息不完整或主观判断产生的错误。多维度的决策评估是指通过智能算法，企业可以从多个维度评估决策方案，选择最优方案。这种多维度的评估能够提高决策的科学性和准确性。

4.2 人工智能在业务流程优化中的实践与成效

4.2.1 业务流程的定义与优化目标

业务流程是指企业为实现特定目标而进行的一系列有序活动。优化业务流程的目标是提高效率、降低成本、提升客户满意度和增强企业的竞争力。

1. 传统业务流程的局限性

（1）效率低下

传统业务流程通常存在冗余环节，导致效率低下。具体表现是数据需要在多个部门之间反复传递，容易出现错误和延误。在现实中，某传统制造企业，数据在生产、销售和财务部门之间反复传递，导致效率低下，错误率居高不下。

（2）成本较高

传统业务流程需要大量的人力和物力投入，运营成本较高。表现之一就是传统的人工客服需要大量的人力支持，成本较高。另外一个表现就是，传统的业务流程往往以企业为中心，忽视了客户的实际需求，导致客户体验不佳。在某些情况下，客户需要等待较长时间才能得到客服的回应。

2. 人工智能推动业务流程优化

（1）自动化流程

通过智能机器人和自动化工具等人工智能技术能够实现业务流程的自动化，减少人工干预。在实际工作中，通过智能机器人可以自动完成数据录入、文件处理等重复性工作，提高工作效率。

（2）智能化服务

利用自然语言处理和机器学习技术等人工智能技术能够提供智能化服务，提升客户体验。智能客服系统能够实时回答客户问题，解决大部分常见问题，提高客户满意度。

（3）精准化运营

通过大数据分析和机器学习等人工智能算法，企业可以实现精准化运营，提高资源利用效率。在实际业务中，通过智能推荐系统可以精准地推荐商品，提高销售额，从而可以实现精准化运营，提高资源利用效率。

4.2.2 人工智能在业务流程中的应用场景

微课： **AI如何优化企业业务流程**

1. 智能客服

（1）自然语言处理技术

智能客服系统利用自然语言处理技术，能够理解客户的语言表达，准确回答客户问题。阿里巴巴的“阿里小蜜”通过自然语言处理技术，能够实时回答客户的问题，有效提升了客户满意度。

（2）机器学习算法

智能客服系统通过机器学习算法不断学习和优化，系统可以根据历史数据和用户反馈不断优化回答策略，能够更好地理解客户的意图，提供更精准的答案。

（3）客户体验提升

智能客服系统通过实时监控和响应机制，能够实时响应客户问题，减少客户等待时间，提升客户体验。

2. 智能供应链管理

（1）需求预测

利用机器学习算法对历史数据和市场趋势进行分析，企业可以对市场需求进行精准预测。通过分析历史销售数据、市场趋势和客户行为，企业可以预测未来的需求变化，提前调整生产计划。

（2）库存优化

人工智能技术能够实时监控库存水平，优化库存管理。企业通过智能算法，可以根据市场需求动态调整库存，减少库存积压和缺货现象。实践中，某知名零售企业通过库存优化，减少了库存积压和缺货现象，库存成本进一步降低。

（3）物流配送优化

通过人工智能算法，企业可以优化物流配送路线，提高配送效率。通过智能算法，企业可以根据交通状况、订单分布等因素，动态调整配送路线，减少配送时间。

3. 智能营销

（1）精准推荐

利用协同过滤和深度学习算法等人工智能算法，企业可以实现精准的商品推荐。通过分析客户的浏览记录和购买历史，企业可以向客户推荐他们可能感兴趣的商品，提高销售额。

（2）个性化营销

人工智能技术能够根据客户的特征和行为，制定个性化的营销策略。实际业务中，通过分析客户的年龄、性别、兴趣爱好等因素，企业可以为不同的客户群体制订不同的营销方案。

（3）营销效果评估

人工智能算法可以实时评估企业营销活动的效果。通过分析营销活动的点击率、转化率等指标，企业可以及时调整营销策略，提高营销效果。现实工作中，某金融企业通过实时评估营销活动的效果，调整营销策略，营销活动的转化率不断提升。

4. 智能生产

(1)自动化生产

智能机器人和自动化工具等人工智能技术能够实现生产过程的自动化,减少了人工干预,自动完成生产任务,提高生产效率。

(2)质量检测

一方面,人工智能技术可以通过图像识别和数据分析技术,对产品质量进行实时检测;另一方面,智能摄像头可以实时监控生产过程,及时发现质量问题,提高产品质量。

(3)设备维护

人工智能算法可以对企业生产设备进行实时监控和预测性维护。通过分析设备的运行数据,企业可以提前预测设备故障,及时进行维护,减少设备停机时间。

4.2.3 人工智能对业务流程优化的效果

人工智能对业务流程优化的效果主要体现在效率提升、成本降低以及客户体验优化等方面。

1. 效率提升

(1)自动化流程的效率优势

通过人工智能技术实现的自动化流程能够显著提高工作效率。在实际应用中,智能机器人可以24小时不间断工作,完成数据录入、文件处理等任务,效率远高于人工操作。

(2)智能化服务的效率优势

智能化服务能够实时响应客户需求,减少客户等待时间,智能客服系统可以在几秒钟内回答客户问题,提高客户满意度。

(3)精准化运营的效率优势

通过人工智能算法实现的精准化运营能够提高资源利用效率。智能推荐系统可以精准地推荐商品,提高销售额,同时减少库存积压。

2. 成本降低

成本降低主要源于自动化流程、智能化服务以及精准化运营的成本优势。

(1)自动化流程的成本优势

自动化流程减少了对人工的依赖,降低了人力成本。通过智能机器人可以自动完成数据录入、文件处理等任务,减少了人工操作的错误和延误,降低了运营成本。

（2）智能化服务的成本优势

智能化服务能够提高客户满意度，减少客户投诉和退单现象，降低了企业的运营成本。智能客服系统可以快速解决客户问题，减少客户投诉，提高客户忠诚度。

（3）精准化运营的成本优势

精准化运营能够提高资源利用效率，降低库存成本和物流成本。通过智能供应链管理系统可以优化库存水平，减少库存积压和缺货现象，降低库存成本。

3. 客户体验优化

（1）智能化服务的体验优势

智能化服务能够实时响应客户需求，提供个性化的服务。智能客服系统可以根据客户的语言表达和问题内容，提供精准的答案，提高客户满意度。现实中，阿里巴巴的智能客服系统“阿里小蜜”减少了对人工客服的依赖，客服响应时间进一步缩短，客户满意度不断提升。

（2）精准化运营的体验优势

精准化运营能够更好地满足客户需求，提高客户体验。智能推荐系统可以精准地推荐商品，满足客户的个性化需求，提高客户忠诚度。

（3）个性化营销的体验优势

通过智能化服务和精准化运营，企业能够更好地与客户互动，提高客户参与度。智能营销系统可以向客户推送个性化的营销信息，吸引客户参与企业的活动，提高客户忠诚度。

4.3 人工智能驱动的组织架构与业务流程变革

人工智能驱动的组织架构与业务流程变革的内容如图 4-5 所示。

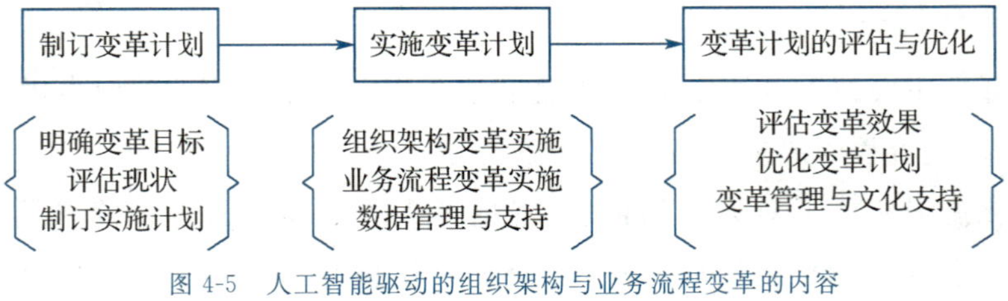

图 4-5 人工智能驱动的组织架构与业务流程变革的内容

4.3.1 制订变革计划

1. 明确变革目标

(1)组织架构变革目标

明确人工智能技术在组织架构中的应用目标,如减少管理层次、优化岗位设置、提升决策效率。

(2)业务流程变革目标

明确人工智能技术在业务流程中的应用目标,如提高效率、降低成本、提升客户体验等。

(3)整体战略目标

将组织架构变革和业务流程变革与企业的整体战略目标相结合,确保变革计划的实施能够推动企业的发展。

2. 评估现状

(1)组织架构现状评估

分析企业现有的组织架构,识别存在的问题和改进空间。具体评估管理层次是否过多、部门之间的协作是否顺畅、岗位设置是否合理等。

(2)业务流程现状评估

分析企业现有的业务流程,识别存在的问题和改进空间。梳理业务流程是否冗余、效率是否低下、客户体验是否不佳等内容。

(3)数据现状评估

评估企业现有的数据资源和数据管理能力,为人工智能技术的应用提供数据支持。全面评估数据的完整性、准确性、实时性等。

3. 制订实施计划

制定实施计划主要内容有分阶段实施、明确任务和责任以及制定时间表和预算三个方面。

(1)分阶段实施

根据企业的实际情况,将变革计划分为多个阶段实施。具体划分为:第一阶段进行组织架构的调整,第二阶段进行业务流程的优化。

(2)明确任务和责任

制订详细的实施计划,明确每个阶段的任务和责任。明确哪些部门负责组织架构的调整,哪些部门负责业务流程的优化等。

(3)制定时间表和预算

编制变革计划的时间表和预算,确保变革计划的顺利实施。明确每个阶段的开始时间和结束时间，预算的分配等。

4.3.2 实施变革计划

1. 组织架构变革实施

(1)调整管理层次

减少管理层次，采用更扁平化的管理架构。通过数据驱动的决策机制，减少对中间管理层的依赖。

(2)优化岗位设置

根据人工智能技术的应用需求，优化岗位设置，减少重复性岗位，增加数据科学家、机器学习工程师等新兴岗位。

(3)促进跨部门协作

通过人工智能技术打破部门之间的信息壁垒，促进跨部门协作。通过智能数据分析平台，实现各部门之间的数据共享和协同工作。

2. 业务流程变革实施

人工智能推动业务流程优化主要体现在自动化流程、智能化服务与精准化运营等方面，因此业务流程变革的实施也主要体现在这三个方面。自动化流程的实施主要是通过人工智能技术实现业务流程的自动化，减少人工干预；智能化服务的实施是通过人工智能技术提供智能化服务，提升客户体验；精准化运营的实施主要是以人工智能算法为方法和手段，实现精准化运营，提高资源利用效率。

3. 数据管理与支持

数据管理与支持包括数据收集与整合、数据分析与应用以及数据安全与隐私保护三个方面。

(1)数据收集与整合

通过人工智能技术收集和整合企业内外部的数据资源，为变革计划提供数据支持。通过智能数据采集系统收集市场数据、客户数据等。

(2)数据分析与应用

通过人工智能算法对数据进行分析和应用，为组织架构变革和业务流程变革提供决策支持。数据分析平台实时监控市场动态、客户需求和运营状况，及时调整决策。

(3)数据安全与隐私保护

在数据管理过程中，注重数据安全和隐私保护，使用加密技术保护数据的安全性，遵守相关法律法规保护客户的隐私。

4.3.3 变革计划的评估与优化

1.评估变革效果

(1)组织架构变革效果评估

通过关键绩效指标评估组织架构变革的效果,具体评估管理层次是否减少、决策速度是否加快、员工满意度是否提高等。

(2)业务流程变革效果评估

同样可以使用关键绩效指标评估业务流程变革的效果,评估流程效率是否提高、成本是否降低、客户满意度是否提升等。

(3)整体变革效果评估

通过综合评估组织架构变革和业务流程变革的效果,判断变革计划是否达到了预期目标。考查企业的整体运营效率是否提高、市场竞争力是否增强等。

2.优化变革计划

(1)持续改进

根据评估结果,对变革计划进行持续改进。针对发现的问题和不足之处,调整变革计划的实施策略。

(2)反馈机制

建立反馈机制,及时收集员工和客户的反馈意见。通过员工满意度调查和客户反馈渠道,了解变革计划的实施效果。

(3)动态调整

根据市场变化和企业发展需求,动态调整变革计划;根据新的市场需求和技术发展,调整组织架构和业务流程。

3.变革管理与文化支持

(1)变革管理

通过有效的变革管理措施,确保变革计划顺利实施。建立完善有效的沟通机制、培训计划和激励机制,帮助员工适应变革。

(2)文化建设与支持

通过文化建设,营造支持变革的文化氛围。不断宣传变革的意义和目标,提升员工对变革的认知和认同感。

课后习题

1. 人工智能技术对组织架构的主要影响有哪些?
2. 人工智能技术在业务流程中的应用场景有哪些?
3. 人工智能技术对岗位需求的影响主要表现在哪些方面?
4. 人工智能技术对决策机制的影响主要表现在哪些方面?

第二篇

应用篇

第5章 人工智能在市场营销中的应用

本章学习目标

1. 系统理解人工智能在市场营销领域的基础概念；
2. 掌握典型人工智能工具在市场营销中的应用逻辑；
3. 认识到人工智能驱动的市场营销变革对企业竞争优势构建的重要价值。

案例导入

案例1:亚马逊的“读心术”推荐系统

当你在亚马逊浏览一款蓝牙耳机后，页面下方会立刻弹出“搭配购买”的充电盒和耳塞；购物车里的商品还没下单，系统已根据你的浏览历史推荐了同类爆款，这背后是人工智能驱动的个性化推荐系统在发挥作用。通过分析用户的点击、搜索、购买和停留时间等数据，亚马逊的算法能预测消费者需求，甚至在用户意识到自己需要某件商品前就完成了推荐。数据显示，这套系统贡献了亚马逊35%的销售额，成为电商领域“精准营销”的标杆。

案例2:淘宝直播的智能选品与推荐

淘宝通过机器学习模型对海量用户浏览与购买行为进行聚类分析，构建个性化画像。在直播带货场景中，人工智能系统实时识别粉丝群体偏好，自动调整主播话术提示和热销商品清单，甚至根据电商节期间流量变化预测爆款型号，帮助主播在黄金时段推送最具吸引力的商品，实现单场销售额同比增长25%。

5.1 人工智能如何改变市场营销

传统营销长期以来依赖于经验判断和大众化广告投放，这种方式虽然在一定程度上能够覆盖广泛的受众，但也存在明显的局限性，诸如效率低下、成本高昂、难以精准触达目标用户，且容易因主观偏见导致决策失误等。例如，传统广告投放往往基于历史数据和人工分析，无法实时调整策略以应对市场变化；而大众化广告则可能浪费大量预算在不感兴趣的用户身上，导致投资回报率不尽如人意。

相比之下，人工智能技术通过“数据+算法”的结合，彻底颠覆了旧有模式，重构了从用户洞察到效果评估的全流程，显著提升了营销的效率与精准度。

首先，人工智能能够通过海量数据分析实现深度用户洞察，帮助企业更全面地理解消费者需求。例如，人工智能不仅能分析用户的购买行为，还能结合社交媒体互动、地理位置和天气等多维数据，生成动态化的用户画像，从而制定更具针对性的营销策略。

其次，人工智能具备实时优化能力，可以根据用户反馈和市场变化动态调整广告内容和投放渠道。这种灵活性使得企业能够在竞争激烈的市场中快速响应，抢占先机。

最后，人工智能通过自动化工具大幅降低了营销的人力成本，同时提高了执行效率。例如，人工智能驱动的聊天机器人可以全天候处理客户咨询，自动完成潜在客户评分和邮件发送等任务，让营销团队专注于更具战略性的工作。

5.1.1　用户洞察：从“群体画像”到“个体预测”

微课：

AI 如何预测你的下一次购物？

在市场营销中，用户洞察是制定策略的起点。传统营销依赖于对目标群体的整体画像，如通过问卷调查或市场研究得出“25～35 岁的都市白领更倾向于购买高端护肤品”。然而，这种粗粒度的分析难以捕捉个体差异，容易导致资源浪费和低效投放。人工智能的出现彻底改变了这一局面，将用户洞察从“群体画像”升级为“个体预测”，使营销更加精准、高效。

1. 构建动态兴趣图谱

人工智能通过追踪用户在网站、App、社交媒体上的“数字足迹”，实时捕捉用户的兴趣变化并构建动态兴趣图谱。例如，某运动品牌通过分析用户在其官网及电商平台的浏览和购买记录，发现了一个有趣的现象：60％的瑜伽垫购买者会在一周内搜索运动内衣。基于这一洞察，品牌迅速调整广告投放策略，将瑜伽垫与运动内衣捆绑推广，并在相关页面上设置交叉推荐链接。结果，运动内衣的销量在短短一个月内提升了 40％。

这种动态兴趣图谱的优势在于其灵活性和即时性。相比传统静态的用户画像，人工智能能够根据用户最新的行为数据不断更新模型。例如，当某个用户突然开始频繁浏览露营装备时，系统会自动将其归类为“潜在露营爱好者”，并推送相关商品或优惠券。这种方式不仅提高了转化率，还让用户感受到了品牌的“贴心”。

2.提前布局消费趋势

除了分析现有行为，人工智能还能通过机器学习模型预测未来的消费趋势。例如，某户外品牌利用自然语言处理技术分析社交媒体上的热门话题，发现“露营经济”相关的讨论热度持续上升。结合历史数据和季节性因素，人工智能预测这一趋势将在未来三个月内达到顶峰。于是，品牌提前加大库存储备，并推出一系列针对露营场景的新品，如便携式露营灯和多功能折叠椅。最终，在露营热潮真正到来时，该品牌凭借充足的准备抢占了市场先机，销售额同比增长了60%。

通过人工智能的精准预测和动态调整，品牌提升了短期销量，类似的案例也在其他行业屡见不鲜。例如，人工智能通过分析天气数据和消费者行为模式，帮助饮料品牌预判夏季冷饮需求高峰的时间点和区域分布，从而优化供应链和促销活动。这种前瞻性的需求预测不仅降低了库存积压的风险，还让企业能够在竞争中占据主动地位。

3.从“数据驱动”到“决策赋能”

人工智能在用户洞察中的应用，本质上是一场从“经验导向”到“数据驱动”的变革。传统营销中，企业往往依赖管理层的经验判断，而人工智能则通过海量数据分析生成科学依据，为企业提供决策支持。例如，某电商平台通过人工智能算法发现，凌晨2点至4点是母婴用品的高频购买时段。基于这一洞察，平台调整了夜间折扣活动的时间窗口，成功吸引了更多目标用户。

当然，人工智能并非万能。要实现精准的用户洞察，企业需要确保数据的质量和多样性，同时避免算法偏见带来的误导。例如，如果训练数据中缺乏某些特定人群的行为样本，人工智能可能会低估他们的需求，从而导致不公平的营销策略。因此，在拥抱技术的同时，企业也需注重数据治理和伦理审查，确保人工智能的应用既能提升效率，又能保护用户权益。

5.1.2 内容创作：从“人工创意”到“智能生成”

在市场营销中，内容创作是连接品牌与消费者的核心桥梁。传统的内容创作依赖于文案策划、设计师和视频制作团队的协作，耗时长且成本高。然而，人工智能的崛起为这一领域注入了全新的活力，将内容创作从“人工创意”推向“智能生成”，大幅提升了效率和精准度。

1.文案自动生成：人工智能成为你的创意助手

想象一下，一个美妆品牌计划推出一款主打“夏日防晒”的新产品。在过去，营销团队需要花费数天时间头脑风暴、撰写文案,并反复修改以匹配不同平台的风格需求。而现在,借助人工智能工具如Jasper,这一切变得简单高效。只需输入关键词"夏日防晒",人工智能瞬间可以生成50条风格各异的社交媒体文案——从轻松幽默的短视频脚本到优雅文艺的长文推送,应有尽有。某品牌测试后发现,使用人工智能生成文案不仅节省了90%的时间,还显著提高了内容的多样性和吸引力。

这种智能化的文案生成技术背后,依赖的是自然语言处理技术和机器学习算法。人工智能不仅能理解产品特点和目标受众,还能根据历史数据预测哪些文案更可能引发用户共鸣。例如,某运动品牌通过分析过往广告表现,加入"挑战自我"这类关键词的文案点击率更高,于是人工智能自动优化文案结构,优先推荐类似表达。

2.动态创意优化:让每一条广告都"活"起来

除了静态文案,人工智能还在动态广告素材的优化上大显身手。以某饮料品牌为例,其短视频广告最初由人工设计,点击率仅为行业平均水平。后来,品牌引入人工智能系统对广告进行动态优化。人工智能通过A/B测试不断调整背景音乐类型、字幕出现时机、代言人镜头长度等变量,最终版本的点击率比人工设计高出37%。这种"边测试边优化"的方式,不仅提升了广告效果,还降低了试错成本。

3.智能生成的优势与局限

人工智能驱动的内容创作无疑带来了巨大的变革,但它的优势与局限同样值得关注。一方面,人工智能能够快速生成大量高质量内容,帮助品牌在竞争激烈的市场中抢占先机。例如,某电商平台通过人工智能生成节日促销海报,覆盖了超过100个细分品类,而整个过程仅需几小时。另一方面,人工智能生成的内容虽然逻辑清晰,却往往缺乏情感深度。一位设计师曾吐槽:"人工智能生成的广告看起来很完美,但总觉得少了一点灵魂。"此外,人工智能的创意能力仍然受到数据和算法的限制。如果训练数据不足或存在偏差,生成的内容可能会偏离品牌调性,甚至引发负面反馈。例如,某快餐品牌尝试用人工智能生成菜单描述,结果因表述过于机械化而被消费者批评"像机器人写的"。

5.1.3 渠道优化:从"广撒网"到"精准触达"

在传统营销中,广告投放往往依赖经验和直觉,"广撒网"式的策略虽然覆盖面广,但资源浪费严重,难以触达真正需要的用户。而人工智能通过数据驱动和算法赋能,正在彻底改变这一局面,将广告资源精准投向目标受众,显著提升转化率和投资回报率。具体而言,人工智能在渠道优化中有两大核心应用:智能投放与实时竞价。

1.智能投放:让广告找到对的人

人工智能技术能够根据用户的兴趣、行为和属性,为每个广告选择最佳的展示平台，从而实现“千人千面”的精准触达。例如，针对年轻妈妈群体，人工智能系统会优先选择母婴论坛、短视频平台或社交媒体中的亲子话题页面进行广告投放。这种定向投放不仅减少了无效曝光，还提升了用户对品牌的好感度。

某母婴品牌曾利用人工智能分析用户画像后发现，年轻妈妈更倾向于在短视频平台学习育儿知识和了解母婴用品，而非浏览传统电商网站。于是，该品牌调整了广告预算，将80%的资源倾斜到短视频平台，并结合育儿专家的科普内容植入品牌信息。结果显示，点击率提升了50%，购买转化率增长了30%。这正是智能投放的魅力所在——用数据决策代替经验判断，确保每一分广告费用都花在刀刃上。

此外，人工智能还能动态调整广告投放策略。例如，在节假日促销期间，系统会自动增加热门商品的曝光频次；而在用户反馈不佳时，则迅速减少相关广告的展示量，避免负面口碑扩散。这种灵活性使得广告效果始终保持在最优状态。

2. 实时竞价：毫秒级决策的广告战场

在搜索引擎广告和程序化广告中，人工智能的实时竞价技术是另一大亮点。当用户打开网页或搜索关键词时，广告交易平台会在毫秒之间完成一次竞价流程，决定哪条广告最终展示给用户。人工智能在这个过程中扮演着“智能竞价师”的角色，它根据历史数据、用户行为和当前流量状况，快速计算出最合理的出价，确保广告以最低成本获得最大曝光。

例如，某家旅行公司希望推广其东南亚度假套餐。人工智能系统通过分析用户过去的搜索记录（如“泰国签证办理”“曼谷美食攻略”），预测其可能对度假产品感兴趣，并在用户浏览旅游类网站时参与实时竞价。最终，系统以0.05美元的成本赢得了这次广告展示机会，而用户点击广告后顺利完成了预订。这种高效的投放方式不仅降低了获客成本，还提升了广告的整体效果。

值得一提的是，人工智能的实时竞价并非简单的“单次出价最优化”，而是基于全局视角的动态调整。例如，如果某个时间段内的流量质量较高，系统会适当提高出价以抢占优质资源；而在流量低迷时段，则降低出价以节省预算。这种智能化的策略使广告主能够在竞争激烈的市场中占据主动权。

5.2 技术背后的“魔法”：三大人工智能工具

在人工智能驱动的市场营销中，各种工具发挥着关键作用，其中推荐系统、聊天机器人和数据分析是当之无愧的“明星工具”。它们各自承担着不同的职责：推荐系统像一位贴心的购物顾问，总能在用户最需要的时候推荐出心仪的商品；聊天机器人则是7×24小时在线的营销助手，能够主动与消费者互动并提供个性化服务；数据分析则从“事后总结”转变为“实时决策”的核心引擎，帮助企业从海量数据中挖掘并迅速调整策略。这三大工具共同构成了人工智能在市场营销领域发挥“魔法”效应的技术基础。

5.2.1 推荐系统：专属购物顾问

微课：

推荐算法揭秘：为什么它总懂你？

无论是电商平台、流媒体服务，还是社交内容平台，推荐系统的身影无处不在，但其背后的技术逻辑却并不神秘，而是建立在两种核心算法之上——协同过滤和深度学习。

推荐系统的核心使命是通过分析用户的行为数据，预测其可能感兴趣的内容，并将这些内容精准推送至用户面前。这不仅提升了用户体验，还显著提高了企业的转化率。例如，当你在某视频网站上观看了一部科幻电影后，系统会根据你的观看历史，推荐类似的影片；又如，当你在某社交平台上收藏了一张穿搭图片时，系统会自动为你推荐同款服饰链接。这种无缝衔接的推荐体验，正是推荐系统的魅力所在。

1. 核心算法

(1)协同过滤：找到与你兴趣相似的人

协同过滤是一种经典的推荐算法，其核心思想是“物以类聚，人以群分”。简单来说，它通过分析用户之间的相似性，推测你可能喜欢的商品或内容。例如，如果系统发现你和另一个用户都喜欢同一款运动鞋，而那位用户最近购买了一款跑步手表，那么系统可能会向你推荐这款手表。

这种方法的优势在于无须深入了解商品本身的特性，只需依赖用户的行为数据即可完成推荐。然而，协同过滤也存在局限性，如“冷启动问题”——当新用户或新产品刚进入系统时，由于缺乏足够的历史数据，推荐效果往往不尽如人意。

(2)深度学习：跨场景的智能推荐

相比于协同过滤，深度学习算法则更进一步，它能够综合图像、文本、行为数据等多种信息源，实现跨场景的精准推荐。例如，在用户生成内容的社交平台上，用户的收藏、点赞、评论等行为数据会被实时捕捉并输入深度学习模型中。模型不仅能理解图片中的服饰款式，还能结合用户的浏览历史和文字描述，生成个性化的推荐列表。

这种算法的强大之处在于其灵活性和适应性。例如，当用户在平台上搜索“夏日穿搭”时，系统不仅能推荐相关的图文笔记，还能根据用户的地理位置和天气数据，优先推送适合当地气候的搭配方案。这种多维度的数据整合能力，使得深度学习成为推荐系统的核心算法之一。

2. 推荐系统的优缺点

推荐系统的成功不仅体现在用户体验的提升上，更直接反映在企业的营收增长中。数据显示，亚马逊的个性化推荐系统贡献了其总销售额的35%，而Netflix的推荐系统每年为公司节省超过10亿美元的用户流失成本。这些数字充分证明了推荐系统在现代市场营销中的重要地位。

然而，推荐系统并非完美无缺。一方面，算法的推荐结果可能过于“趋同”，导致用户陷入“信息茧房”，即只接触到自己熟悉的内容，而无法接触到更多元的信息。另一方面，推荐系统的透明度问题也引发了争议——用户往往不清楚为什么某些商品会被推荐给自己，这种“黑箱效应”可能导致信任危机。

5.2.2 聊天机器人：7×24小时的营销助手

在人工智能驱动的市场营销中，聊天机器人正迅速成为品牌与消费者之间的桥梁。它们不仅是全天候在线的客服助手，更是主动出击的营销专家。通过“客服分流”和“主动营销”两大核心功能，聊天机器人正在重新定义企业与用户的互动方式。

1. 核心功能

(1)客服分流：释放人力，专注高价值服务

传统客服模式常面临效率低下、成本高昂的问题，尤其是在高峰时段，用户等待时间过长可能导致体验下降甚至客户流失。人工智能聊天机器人则通过自然语言处理技术，能够快速识别并解决80%的常见问题，如订单状态查询、退换货政策咨询等。例如，某电商平台引入人工智能客服后，用户提问的平均响应时间从5分钟缩短至几秒钟，同时人工客服的工作量减少了60%，使他们能够专注于解决更复杂的客户需求。

除了提升效率，人工智能客服还能通过数据分析优化服务质量。例如，系统会记录用户高频问题，并生成改进建议，帮助企业优化产品描述或调整退货流程，从而减少未来类似问题的发生。这种“数据驱动”的服务模式不仅提升了用户体验，还降低了运营成本，为企业创造了双赢局面。

(2)主动营销：千人千面的商品推荐

如果说客服分流是“被动响应”，那么主动营销则是聊天机器人的“进攻武器”。相比于传统广告的“广撒网”策略，人工智能聊天机器人能够根据用户的实时行为和偏好，提供高度个性化的商品推荐。例如，某家具品牌在其官网和App中加入了聊

天机器人,当用户浏览沙发时,机器人会主动询问:“您是否需要搭配一张茶几?”如果用户表现出兴趣,机器人会进一步推荐适合的款式、尺寸和颜色,甚至提供折扣优惠。这种即时且精准的推荐显著提升了购买转化率——数据显示,该品牌的在线销售额因此增长了25%。

此外,聊天机器人还能结合促销活动增强用户黏性。例如,某美妆品牌通过微信公众号的聊天机器人推送“限时秒杀”信息,同时引导用户参与抽奖互动。这种沉浸式的营销方式不仅提高了用户参与度,还为品牌积累了大量潜在客户数据,为进一步优化营销策略提供了支持。

2. 技术背后的逻辑

聊天机器人之所以能胜任如此复杂的任务,离不开其背后强大的技术支持。首先,自然语言处理技术使机器人能够理解用户意图,无论是直接提问还是模糊表达,都能准确解析。其次,机器学习算法让机器人具备“学习能力”,通过不断积累对话数据,优化回答的准确性和个性化程度。最后,情感分析技术帮助机器人感知用户情绪,避免在用户不耐烦或生气时继续机械式回复,从而提升沟通效果。

5.2.3 数据分析:从“事后总结”到“实时决策”

在市场营销中,数据分析不再只是“事后诸葛亮”,而是成为驱动实时决策的核心引擎。通过人工智能技术,企业能够从海量数据中挖掘洞察,预测趋势,并迅速调整策略,抢占市场先机。这一转变不仅提升了营销效率,也为企业构建了更强的竞争力。

1. 核心工具

(1)情感分析:捕捉用户心声,优化产品体验

情感分析是人工智能赋能营销的核心工具之一,它通过自然语言处理技术解析消费者评论、客服对话和社交媒体反馈,帮助企业精准判断用户满意度。例如,某手机品牌在推出新款后,发现关于“续航差”的负面评价在各大电商平台激增。人工智能系统快速识别这一趋势,并生成详细报告,显示相关投诉占比高达25%,远超行业平均水平。基于此,品牌紧急推出了电池优化方案,并通过官方渠道向用户解释改进措施,成功挽回了部分流失客户。这种实时的情感监测机制,让企业不再被动等待季度总结,而是能够在问题发生初期就采取行动,避免更大的损失。

但情感分析的价值远不止于此。除了危机预警,它还能帮助企业识别潜在需求。例如,某饮料品牌通过分析其在社交媒体上的正面评论,发现用户频繁提及“清爽口感”和“低糖健康”。这些关键词成为新品研发的重要参考,最终推动了一款主打“轻负担”的功能性饮料上市,迅速赢得了年轻消费者的青睐。

(2)归因模型:量化渠道价值,优化预算分配

传统的营销归因往往依赖经验判断,而人工智能驱动的归因模型则通过数据科学量化不同渠道对销售的实际贡献,帮助企业实现资源的最优配置。例如,某运动服饰品牌在推广新系列时,同时投放了短视频、搜索引擎广告和线下门店活动。人工智能系统通过追踪用户的点击路径、观看时长和购买行为,发现短视频带来的转化率是传统广告的 3 倍,且用户下单金额高出平均值 40%。基于这一洞察,品牌立即将预算向短视频平台倾斜,并优化内容创意,进一步放大传播效果。

归因模型的应用场景非常广泛。在电商领域,它可以帮助企业识别高潜力流量来源;在品牌建设中,它能评估不同触点对品牌形象的影响;甚至在跨区域营销中,它还能指导全球市场的资源分配。例如,某化妆品品牌通过归因模型分析发现,东南亚市场的用户更倾向于通过关键意见领袖直播了解产品,而欧美用户则更关注专业评测文章。根据这一差异,品牌为不同地区定制了专属营销策略,显著提升了整体投资回报率。

2. 实时决策:数据驱动的敏捷营销

情感分析与归因模型的结合,正在将营销决策推向"实时化"。以某快餐连锁品牌为例,其人工智能系统每天监测外卖平台的用户评价和订单数据。当系统检测到某款新品的退单率异常升高时,会立即触发警报并生成诊断报告。报告显示,用户普遍反映该产品的分量不足且配送时间过长。品牌随即调整产品规格,并与物流合作伙伴协商优化配送路线,问题在 24 小时内得到解决。

这种敏捷性不仅体现在问题解决上,还延伸到了机会捕捉。例如,某电商平台通过实时监控购物车放弃率,发现某款智能音箱的加购人数激增,但实际支付率偏低。人工智能分析后指出,主要原因是价格敏感型用户在最后一刻犹豫不决。于是,平台迅速推送限时折扣券,促使大量用户完成购买,最终销售额超出预期目标 30%。

5.3 市场营销的未来趋势

随着人工智能技术的不断演进,市场营销领域正迎来两大变革性趋势:人机协同工作模式和元宇宙营销的沉浸式体验。这两大趋势不仅重新定义了品牌与消费者之间的互动方式,也为未来的商业生态描绘出一幅充满想象力的图景。

5.3.1 人机协同:从"分工明确"到"无缝协作"

在传统营销中,创意设计、数据分析和任务执行往往是独立环节,由不同团队分

别完成。然而，人工智能技术的发展正在推动“人机协同”成为主流工作模式。在这种新模式下，人类负责高层次的创意构思和伦理判断，而人工智能则承担起数据处理、自动化生成和任务执行的重任，形成“1＋1＞2”的协同效应。

以品牌设计为例，设计师过去需要花费数周时间反复修改徽标方案，而现在借助人工智能工具，可以在几小时内生成上百个初稿。这些人工智能生成的设计不仅基于品牌调性和目标受众偏好，还能快速适应不同文化背景的需求。设计师随后只需专注于优化细节，将人工智能提供的灵感转化为最终作品。这种“人工智能赋能＋人类创造”的合作模式大幅提升了工作效率，同时也为创意注入了更多可能性。

除了设计领域，人机协同还体现在广告投放、内容创作和客户服务等场景中。例如，某美妆品牌通过人工智能分析用户评论数据后，发现消费者对“持久不脱妆”的关注度显著提升。品牌随即调整营销策略，利用人工智能生成相关短视频广告文案，并交由人类团队润色发布。最终，该广告点击率比以往提升了30％。由此可见，人机协同不仅是一种技术升级，更是一种全新的营销思维范式。

5.3.2　元宇宙营销：从“虚拟世界”到“现实融合”

如果说人机协同是效率革命，那么元宇宙营销则是体验革命。元宇宙作为下一代互联网形态，通过虚拟现实（VR）、增强现实（AR）和区块链技术，为品牌提供了一个与消费者深度互动的全新空间。在这里，传统的平面广告和文字描述被全方位的感官体验所取代，消费者可以身临其境地感受产品魅力。

一个典型的例子是虚拟偶像直播带货。近年来，虚拟主播如“洛天依”和“AYAYI”等已逐渐成为电商平台的新宠。她们不仅能全天候在线与观众互动，还能根据实时数据调整话术和推荐策略。某运动品牌曾邀请虚拟偶像代言新款跑鞋，在直播过程中结合用户的虚拟形象推荐个性化穿搭方案，最终销售额较普通直播高出40％。

此外，元宇宙还开启了“沉浸式购物”的新时代。想象一下，当你戴上VR眼镜进入一家虚拟服装店时，人工智能助手会根据你的虚拟形象推荐适合的服饰搭配。你可以直接试穿并查看效果，甚至与其他虚拟顾客交流心得。这种高度个性化的购物体验不仅提升了用户的参与感，也让品牌能够更精准地捕捉消费者偏好。

5.3.3　技术融合：人机协同与元宇宙的交汇点

值得注意的是，人机协同与元宇宙并非孤立存在，而是彼此交织、相互促进。例如，在元宇宙中构建虚拟商店时，人工智能算法可以通过分析用户行为轨迹，动态调整商品陈列位置；同时，虚拟导购员也能借助自然语言处理技术与消费者进行流畅对话，解答疑问并促成购买决策。

与此同时，企业也在积极探索如何将这两项技术应用于实际业务场景。例如，某汽车品牌在元宇宙中搭建了虚拟展厅，消费者不仅可以自由探索不同车型，还能通过人工智能助手获取定制化购车建议。如果用户对某款车感兴趣，系统还会引导他们进入真实世界的试驾预约流程，实现虚拟与现实的无缝衔接。

课后习题

1. 结合案例，说明人工智能如何实现从"群体画像"到"个体预测"的转变，并分析这一转变对企业营销策略的影响。

2. 以淘宝直播智能选品与推荐为例，探讨人工智能在内容创作与渠道优化中的具体作用，并指出其可能面临的风险与挑战。

3. 未来趋势中提到了人机协同与元宇宙营销，试分析企业如何利用这两项新兴趋势构建竞争优势，并提出需要关注的伦理边界问题。

第6章 人工智能在财务管理中的应用

本章学习目标

1. 全面掌握人工智能在财务管理中的核心技术应用知识；
2. 理解智能财务系统的实践价值与应用案例；
3. 深刻理解人工智能对财务管理数字化转型的重要意义。

案例导入

案例1：沃尔玛的“预言家”财务系统

沃尔玛开发了基于机器学习的财务预测模型，通过分析过去10年的销售数据、天气模式和区域经济指标，精准预测节假日库存需求。例如，系统提前3个月预测到某年冬季寒潮将导致电热毯销量激增，促使采购部门提前备货，最终库存周转率提升22%，滞销损失减少3 000万美元。这一案例展示了人工智能将传统财务预测从“经验驱动”升级为“数据驱动”。

案例2：毕马威的“人工智能审计员”

毕马威推出的人工智能审计工具能在1秒内完成10万张发票的合规性检查。2023年，该系统帮助某跨国企业发现采购部门重复报销的异常交易，涉及金额超120万美元，误判率低于0.05%。人工智能不仅提升了审计效率，更将财务风险控制从“事后追责”转变为“实时预警”，成为企业合规管理的“数字守门人”。

6.1 人工智能在财务数据处理中的自动化革命

6.1.1 智能数据录入：从“手工寻路”到“智能导航”

微课：

财务不再手工录入

传统财务工作如同在迷雾中探路：会计人员需逐张核对纸质发票、手动录入合同条款，不仅耗时费力，更因人为疏忽而数据错误频发。人工智能技术的介入，犹如为财务流程装上了“智能导航系统”，通过光学字符识别（Optical Character Recognition，OCR）技术与自然语言处理（Natural Language Processing，NLP）技术算法的组合，彻底颠覆了手工录入模式。

1. OCR 技术：纸质票据的“数字翻译官”

OCR 技术像一位不知疲倦的“数字翻译官”，能精准读取发票、合同等纸质文件中的关键信息。例如，某连锁餐饮企业每月需处理 10 万张供应商发票，以前 3 名员工全职录入需耗时两周，且因手写金额模糊、发票褶皱等问题，错误率高达 8%。引入 OCR 技术后，系统自动识别发票代码、金额、税率等字段，错误率骤降至 0.5%。更智能的是，系统还能通过比对发票与订单数据，自动标记“金额不一致”的异常票据，避免重复付款风险。

2. NLP 算法：非结构化数据的“语义挖掘机”

NLP 技术化身“语义挖掘机”，从邮件、聊天记录等非结构化数据中提取潜在财务信息。例如，销售经理在邮件中写道：“客户确认下周支付尾款，但需延期至下季度开具发票。”NLP 算法不仅能识别“支付尾款”对应的应收账款，还能捕捉“延期开票”的税务影响，自动生成待办事项提醒财务人员调整账期。某制造企业通过这一技术，将合同条款解析时间从人均 2 小时/份缩短至 3 分钟/份，且成功挖掘出隐藏在邮件中的 200 万元未入账收入。

3. 技术协同：RPA 构建自动化流水线

当 OCR 技术与 NLP 技术和机器人流程自动化（Robotic Process Automation，RPA）结合时，财务数据处理便形成了“端到端”的智能流水线。某零售集团的案例极具代表性:RPA 机器人每晚自动从销售系统中抓取数据,通过 OCR 扫描新增发票,再由 NLP 解析采购合同中的付款条件,最终自动生成会计凭证并更新总账。这一流程将月度对账时间从 5 天压缩至 2 小时,释放了财务团队 80%的时间用于业务分析。

6.1.2 RPA 驱动的实时报表生成:从"数据迷雾"到"决策明灯"

在财务数据处理领域,RPA 如同"数字员工"般不知疲倦地工作,彻底改变了传统报表生成模式。以某大型零售企业为例,其全国 2 000 家门店的销售数据、库存变动及物流成本曾长期依赖人工汇总:财务团队需在每月初花费 5 天时间核对 ERP 系统、Excel 表格与纸质单据,不仅效率低下,而且错误率高达 5%。引入 RPA 机器人后,变革悄然发生。

1. 技术实现

RPA 机器人化身"数据猎手",每晚自动登录销售管理系统、库存数据库及第三方物流平台,抓取分散在各系统的原始数据。通过预设规则,它如同"智能拼图大师"般将数据分类清洗,识别异常值(如某门店单日销售额突降 50%),并自动标记供人工复核。最终,RPA 会在凌晨时段自动生成标准化利润表与现金流量表,耗时仅需 2 小时,效率提升 90%。

2. 价值释放

这一变革带来三重效益:

(1)精准性飞跃

在 OCR 技术辅助下,发票金额识别错误率从 5%降至 0.3%,系统自动对账成功率超 98%。

(2)人力解放

财务人员从重复劳动中脱身,80%的工作时间转向分析销售趋势、优化库存周转率等高价值任务。

(3)决策时效性

管理层可在次日清晨获取前日经营数据,快速调整促销策略,某新品因实时数据反馈提前两周铺货,抢占了市场先机。

6.2 人工智能在风险管理中的“数字哨兵”角色

6.2.1 反欺诈识别：人工智能的“火眼金睛”

微课： AI如何抓住隐藏的财务欺诈？

传统财务风险控制长期依赖人工核验，但人工处理效率低、成本高，且难以识别隐蔽性强的欺诈行为（如关联交易、伪造凭证）。人工智能通过机器学习与实时数据处理技术，重构了反欺诈的底层逻辑，显著提升了风险识别的精度与速度。

1. 行为模式分析：构建动态风险画像

人工智能系统通过监督学习与无监督学习技术，从海量历史数据中提炼用户行为规律，建立动态风险评估模型。例如，某商业银行在企业贷款审核中，利用随机森林算法分析企业交易流水数据，发现某贸易公司存在异常行为模式：其每日凌晨2～4点与注册于离岸避税地的关联企业发生高频转账，且金额刻意控制在反洗钱监控阈值以下。人工智能系统进一步结合工商信息交叉验证，识别出该企业通过虚构交易流水虚增营业收入的骗贷行为，及时终止了贷款流程，避免超亿元资金的损失。包括聚类分析在内的无监督学习则能发现无先例的新型欺诈模式，如识别出某电商平台商家通过“僵尸账号”伪造订单的刷单行为，修补了传统规则引擎的缺点。

2. 实时拦截机制：毫秒级响应的智能防线

人工智能通过流数据处理技术实现了交易风险的毫秒级响应，形成全天候的主动防御体系。支付宝的智能风控系统AlphaRisk是典型代表：当用户发起异地大额转账时，系统在0.1秒内完成多维风险评估，包括综合设备指纹（如手机型号、操作系统）、IP地址归属地、交易历史等特征，识别异常模式（如设备与账户历史行为不符）。据统计，该系统对欺诈交易的拦截成功率高达98%，误报率低于0.01%。更关键的是，人工智能模型能通过在线学习实时更新策略，如针对新型“人工智能换脸”诈骗，系统可快速迭代算法，识别伪造生物特征与真实用户行为的细微差异。

6.2.2 现金流预测：人工智能的“未来之眼”

现金流是企业生存的“血液”，其波动直接影响企业运营与战略决策。人工智能通过动态建模与多维数据融合技术，显著提升了预测精度，为企业提供前瞻性风险预警。

1. 时间序列分析：捕捉历史规律

人工智能利用长短期记忆网络等深度学习模型，像“记忆细胞”般捕捉现金流的长期依赖关系与季节性波动。例如，某零售企业将过去5年的销售数据与节假日效应（如“双十一”“春节”等消费高峰）输入长短期记忆网络模型，通过训练网络识别历史现金流的周期性规律（如季度末回款延迟、促销季资金流入激增），成功预测下季度现金流，准确率达85%。这种技术突破了传统统计模型的局限性——因线性假设无法处理突发事件，而长短期记忆网络模型通过门控机制动态调节信息权重，能更灵活地适应复杂场景。

2. 外部数据整合：实时修正预测

人工智能不仅依赖历史数据，还通过爬虫技术实时抓取行业动态（如原材料价格波动、政策调整），构建“数据雷达”以修正预测模型。例如，某制造企业通过人工智能系统监测到“关键零部件供应商所在国突发关税政策”，算法立即结合国际贸易数据库与供应链网络拓扑，模拟关税政策变动对采购成本的影响，并提前3个月建议调整采购策略（如增加库存缓冲、寻找替代供应商），避免现金流断裂导致的停产风险。这种多维数据融合能力使预测从“静态推演”升级为“动态博弈”，显著增强了企业抗风险能力。

6.3 人工智能驱动的财务决策与未来挑战

6.3.1 人工智能驱动的财务决策

人工智能的应用正从简单的“数据呈现工具”升级为“决策赋能引擎”，通过深度挖掘数据价值，为财务管理注入智能化决策能力。

在投资优化方面，人工智能结合强化学习与市场动态预测模型，能够实时分析宏观经济趋势、行业波动及企业资金状况，生成动态资产配置方案。例如，某跨国集团利用人工智能算法模拟不同经济情境下的投资组合表现，3个月内将资金配置效率提升18%，年化收益增加2.3%。

在成本控制方面，人工智能通过构建多维数据关联网络，精准识别冗余开支。例如，某制造企业借助人工智能系统扫描采购记录与库存数据，发现了跨部门重复采购高端传感器的问题，通过智能调度实现集中采购，年节约成本超1 200万元。这种决策支持不仅依赖算法的计算能力，更依托于对业务场景的深度理解——人工智能如同“数字参谋”，将财务数据转化为战略行动指南，推动企业从“经验决策”迈向“数据决策”新纪元。

6.3.2 人工智能与财务决策的未来挑战

人工智能在财务管理中的广泛应用虽带来了效率革命，但也伴随着多重挑战与深刻反思。

首先，数据依赖风险是人工智能系统的潜在隐患。若训练数据存在偏差（如历史坏账未被完整记录或行业数据分布失衡），算法可能会继承甚至放大这些偏差，导致决策失真。例如，某银行的人工智能信贷模型因未充分纳入小微企业抗风险案例，系统性低估其还款能力，造成“算法歧视”。这种风险不仅影响财务决策的公平性，更可能引发法律与合规危机。

其次，伦理争议成为技术应用中不可回避的议题。算法的“黑箱”特性使得决策过程缺乏透明性，当人工智能建议削减某区域分支机构预算时，管理者难以追溯其逻辑链条，易引发利益相关方的质疑。尤其在涉及社会责任的场景（如绿色投资优先级判定），如何确保人工智能的伦理对齐成为关键挑战。

最后，人机平衡的边界需谨慎界定。尽管人工智能在处理结构化数据（如报表分析、风险量化）方面具有绝对优势，但商业谈判、利益冲突调解等需依赖情境判断与情感洞察的任务仍要由人类主导。例如，某企业在并购谈判中，人工智能虽能快速测算财务协同效应，却无法感知对手方的文化适配性与隐性诉求，最终仍需高管团队介入决策。

这些挑战揭示，人工智能并非万能工具，唯有在技术赋能与人类智慧间构建动态平衡，才能实现财务管理的可持续创新。

课后习题

1. 如果你是财务经理，会如何用人工智能优化校园奶茶店的财务管理？
2. 人工智能能否完全替代财务人员？哪些能力是人类不可替代的？

第7章 人工智能在运营管理中的应用

本章学习目标

1. 理解人工智能对企业运营管理核心环节的优化作用；
2. 掌握人工智能技术在运营管理中的实际应用场景及案例；
3. 辩证认识人工智能在运营管理中带来的效率提升与潜在挑战。

案例导入

案例1:高速公路的“智慧大脑”

安徽交控集团联合城市云公司打造了智能交通系统,用于管理全省高速公路的视频监控、应急救援和交通调度。系统通过人工智能算法实时分析车流量、事故热点和天气数据,自动生成最优救援路线并调度最近的救援车辆,将平均应急响应时间缩短了40%。例如,在大雾天气中,人工智能能提前预测能见度变化,联动电子路牌调整限速,减少事故风险。

案例2:宝马的“人工智能决策智囊团”

宝马与埃森哲合作开发了生成式人工智能平台,用于优化北美地区的供应链和客户服务。人工智能系统能快速整合全球供应商数据、市场需求预测和客户反馈,自动生成生产计划与物流方案。例如,当某车型订单激增时,人工智能在30分钟内重新规划零部件采购、生产线排期和运输路线,使交付周期缩短了25%,同时降低了15%的仓储成本。

7.1 智能供应链调度：从“救火”到“预防”

微课：

AI如何预测供应链风险

传统供应链管理长期受困于“信息孤岛”和响应滞后，企业往往在库存积压与断货危机间疲于奔命。而人工智能通过实时数据整合与预测性分析，将供应链从被动应对升级为主动预防，构建起“感知—决策—执行”的智能闭环。

7.1.1 动态路径优化：让物流“聪明”起来

人工智能算法如同供应链的“超级导航”，通过融合多维度数据实现运输效率革命。例如，德国某商业软件公司的人工智能系统不仅实时追踪天气变化、交通拥堵和订单紧急程度，还能结合车辆载重与能耗模型，动态生成最优配送路线。某物流企业应用该技术后，空载率降低20%，相当于每年减少数千吨碳排放，并节省数百万元燃油成本。更值得关注的是，安徽交控集团在矿山运输中整合物联网技术传感器与人工智能算法，让矿石开采、运输全程可视化，设备等待时间减少了20%，运输调度效率提升了35%。这种“智慧大脑”甚至能预判风险：某物流公司利用5G网络与人工智能预测运输异常，通过机器人客服提前处理问题，将物流异常率降低了40%。

7.1.2 需求预测：从“猜谜游戏”到“精准制导”

过去，企业依赖经验预判市场需求，常陷入“圣诞树滞销”或“网红商品缺货”的窘境。人工智能则通过分析历史销售、社交媒体舆情、天气趋势甚至宏观经济指标，构建起多维预测模型。某大型零售企业的人工智能系统在节假日前精准锁定爆款商品，使库存周转率提升30%，货架空置率下降18%。新能源车企的实践更具前瞻性：某品牌通过人工智能分析用户充电行为与区域政策，提前6个月布局充电桩网络，实现供需精准匹配。更有趣的是，英国某零售企业将人工智能与物联网结合，让智能货架实时反馈销量数据，系统自动触发补货指令，彻底告别“货架空窗期”。

这些创新背后是技术集群的协同：物联网技术设备提供实时数据“血液”，5G网络搭建高速传输“神经”，人工智能算法则扮演决策“中枢”。例如，某科技公司为物流行业打造的智能控制塔，整合全球供应商数据与港口信息，使跨境运输准点率提升了25%。当供应链从“救火队员”变为“先知先觉”的管理者，企业得以在VUCA（易变、不确定、复杂、模糊）时代构建起抗风险能力与竞争力。

7.2 生产流程优化：工厂里的“人工智能教练”

人工智能正以“数字教练”的身份深度融入生产线，通过实时数据分析与自主决策能力，推动制造流程向“零误差”与“零停机”目标迈进。在质量控制与设备维护两大核心环节，人工智能技术展现出颠覆性变革力量。

7.2.1 工业视觉质检：替代人工的高精度筛查

传统质检依赖人工目检，不仅效率低且易受主观因素干扰。某电气公司通过部署人工智能工业视觉检测平台，将这一过程升级为高精度、标准化的智能系统。在其某条生产线上，搭载深度学习算法的高清摄像头结合光学字符识别技术，能毫秒级扫描产品表面，精准识别划痕、色差、组件错位等30余种缺陷。系统通过边缘计算实现实时分析，将误检率从5%降至0.5%以下，同时减少70%的质检人力投入。这一模式已扩展至其他生产线，覆盖仪表盘、断路器等精密设备的检测，年均避免质量损失超千万元。

7.2.2 预测性维护：设备故障的提前预警与处理

设备突发故障常导致生产线瘫痪，传统定期维护又存在资源浪费。人工智能通过解析设备传感器的振动、温度、电流等多维数据，构建起“设备健康档案”。例如，某汽车企业为冲压机床加装智能传感器，人工智能模型通过分析历史故障模式与实时运行参数，可提前72小时预测轴承磨损等潜在风险。当算法判定某设备进入“亚健康”状态时，系统自动生成维护工单并锁定最佳停机窗口，使非计划停机时间减少50%，维修成本下降40%。目前该汽车企业将此技术应用于全球供应链，通过整合供应商设备数据，实现跨工厂的协同维护调度，进一步保障交付稳定性。

7.3 客户服务：全天候的“数字员工”

7.3.1 智能客服：标准化咨询的高效处理

传统客服模式长期受制于人力成本高昂与服务时间受限的双重困境。在促销旺季或突发事件中，客户咨询量激增往往导致电话排队长达数十分钟，而夜间或节假日则因人力不足陷入服务真空。人工智能客服的引入通过自然语言处理技术与机器学习算法，构建了全天候、高并发的服务网络。在制造业的运营管理中，人工智能客服系统同样展现出卓越的效率提升能力。通过集成自然语言处理技术，人工智能能够自动处理大量与生产流程、订单状态、基础技术参数查询相关的标准化咨询。例如，埃森哲与宝马集团合作案例的研究报告显示①，其部署的生成式数字平台在优化客户服务方面，能够高效整合全球供应链数据和客户反馈，快速响应常规查询。这使得一线运营管理人员能够从烦琐的重复性沟通中解脱出来，将更多精力投入到生产计划调整、供应链协同优化以及解决复杂的客户定制化需求等更具战略价值的运营管理活动中，从而实现人力资源在关键环节的优化配置与整体运营效率的提升。

7.3.2 智能客服：多语言支持与情绪感知

1. 多语言即时支持

通过实时翻译引擎，人工智能客服可流畅应对英语、西班牙语、日语等20余种语言交互，助力企业突破跨境服务壁垒。例如，某全球化快消品牌借助多语言人工智能客服，将东南亚市场的服务响应效率提升40%，客户满意度达92%。

2. 情绪智能干预

基于语音语调分析与文本情感识别，人工智能能动态感知用户情绪波动。当检测到客户焦虑指数超过阈值时，系统自动切换安抚话术或无缝转接人工客服。某电信运营商的数据显示，这一机制使客户投诉升级率降低35%，服务冲突发生率下降28%。这种技术驱动的效率革命，使企业客服成本平均降低30%～50%，同时通过数据沉淀为用户画像优化提供支撑，真正实现从“被动应答”到“主动服务”的转型。

7.3.3 主动服务：需求预测与精准干预

人工智能客服的颠覆性不仅在于快速响应问题，更在于其“未卜先知”的服务能力。通过整合用户在App、网站、社交媒体等多渠道的行为数据（如浏览记录、搜索关键词、客服对话历史），人工智能系统能主动识别潜在需求并提前介入，将服务从“被动应答”升级为“主动关怀”。这种模式彻底改变了客户服务的价值逻辑——从单纯解决问题的成本消耗，转变为挖掘用户价值的创收引擎。

7.3.4 流失预警：行为识别与精准挽留

当用户多次搜索“如何注销账户”“退款流程”等敏感词时，人工智能系统会立即触发预警机制。例如，某在线教育平台通过人工智能客服监测学员行为，一旦发现

① 埃森哲研究报告《技术展望2025——AI自主宣言》

用户频繁查询退课政策,系统会自动推送定制化挽留方案:可能是"冻结课程保留权益"的灵活选项,或是针对性发放课程优惠券。该在线教育平台数据显示,这种主动干预使退课率降低 28%,用户留存周期延长 40%。

7.3.5 服务前置:问题发生前的需求满足

人工智能的预测能力还能将服务场景前移。以航空业为例,某航空公司通过分析航班动态、天气数据及历史服务记录,在旅客落地前 1 小时主动推送"行李提取处导航""接机车辆预约"等信息,甚至预判中转旅客的休息需求并推荐贵宾厅服务。这种"先发制人"的策略使客户咨询量减少 35%,差评率下降 22%。

7.3.6 用户画像:行为分析与精准服务

更值得关注的是,人工智能能通过长期行为分析建立深度用户画像。例如,某母婴品牌通过人工智能监测用户购买周期,当系统识别到奶粉购买间隔异常时,会主动询问是否需要育儿顾问支持,或推送育儿知识合集。这种基于数据的"温度服务"使客户满意度提升 30%,复购意愿增强 25%。

主动服务模式创造了双重效益:对企业而言,通过减少重复咨询、降低流失率能直接提升营业收入;对用户而言,需求被提前满足的体验显著增强黏性。这种从"救火"到"防火"的转变,标志着客户服务正式迈入"价值创造"新纪元。

7.4 人工智能赋能的运营未来

人工智能的真正价值不在于替代人类,而在于构建"人机共生"的新型协作模式。这种模式通过将人类的创造力、经验判断与人工智能的计算能力、数据洞察深度融合,形成"1+1>2"的协同效应。

7.4.1 人机协同的决策支持模式

在战略决策场景中,人工智能扮演"数据导航员"角色,通过实时分析海量运营数据(如市场趋势、供应链波动、客户行为),为管理者提供动态决策看板。例如,某洗护品牌利用人工智能预测全球市场需求变化,结合高管团队对地缘政治、文化差异的洞察,将新产品上市周期缩短 40%。这种协作模式突破了传统决策的"经验依赖"或"数据孤岛"困境,形成"算法提供选项,人类选择方向"的闭环。德勤集团研究显示,采用人机协同决策的企业,其战略调整响应速度比纯人工决策快 3 倍。

7.4.2 人工智能辅助创意生成与优化

在创新领域，生成式人工智能正成为设计师、工程师的“智能共创伙伴”。例如，某汽车企业设计师团队使用人工智能工具快速生成数百种汽车外观草图，人类工程师则聚焦于可行性评估与美学优化，使概念车设计周期从6个月压缩至3周。更值得关注的是，人工智能还能突破人类思维定式：Adobe的人工智能系统通过分析千万幅设计作品，为海报创作提供跨领域的色彩搭配建议（如从莫奈画作中提取配色方案），这种“数字灵感库”使创意过程从“灵光乍现”变为“系统化探索”。

7.4.3 人机分工重构运营工作流程

人机协同正在重塑工作流程的本质。在医疗领域，人工智能辅助诊断系统可快速识别CT影像中的异常，但最终诊断仍需医生结合患者病史、家族遗传等软性信息综合判断；在教育行业，人工智能助教承担作业批改、学情分析等重复性工作，教师则专注于课程设计与情感引导。这种分工使人类从低价值事务中解放，转而投入需要同理心、伦理判断等人工智能难以替代的领域。

7.4.4 人机协同中的平衡原则与注意事项

人机协同的终极目标是实现“技术赋能”与“人性温度”的共生。企业需警惕“算法崇拜”陷阱：

决策权边界：人工智能的预测准确率再高，也需人类对“黑天鹅事件”（如突发政策变化）进行兜底判断；

伦理防火墙：在招聘、晋升等敏感场景，需设置人工复核机制防止算法偏见；

能力再定义：未来人才的核心竞争力将转向“与人工智能对话的能力”，如通过提示词工程精准调用人工智能功能。

未来的智能是“人机协同智能”，即人类大脑与人工智能“体外前额叶”的结合。这种协作不是简单的“机器换人”，而是通过重新定义人与技术的关系，让人工智能成为拓展人类认知边界的“外脑”，最终实现运营效率与人性化价值的双重跃升。

课后习题

1. 结合案例分析人工智能如何整合全球供应商数据、市场需求与客户反馈，实现生产计划与物流方案的动态调整。

2.请对比人工智能在“精准检测”与“故障预判”两类场景中技术应用的异同,并阐述其对企业运营效率的具体影响。

3.以人工智能客服的多语言支持、情绪干预功能为例,探讨在客户服务场景中,如何通过人机协同平衡技术效率与服务的人性化需求,避免出现“算法冰冷”的问题。

第8章 人工智能在人力资源管理中的应用

本章学习目标

1. 了解人工智能对人力资源管理职能的优化情况；
2. 辩证思考人工智能给人力资源管理带来的效率提升与潜在挑战。

案例导入

沃尔玛人工智能面试招聘实习生

沃尔玛在招聘中引入人工智能面试系统，主要应用于管培生及基础岗位的大规模筛选，通过自然语言处理技术和视频分析技术，评估候选人的表达能力、逻辑思维及岗位匹配度。面试流程包含6个标准化问题（如自我介绍、挫折应对、职业认知等），候选人需在10秒准备后录制2～3分钟视频回答，系统自动生成评估报告并建立视频化人才库。此举解决了传统招聘周期长、标准不统一的问题，但部分候选人反馈准备时间紧张、互动性不足。

在人力资源管理体系中，“选、育、用、留”是四大核心功能，构成企业人才管理的闭环框架。“选才”指通过科学规划与招聘流程，从外部选拔或内部调配符合岗位要求的人才，核心目标是确保“人岗匹配”。“育才”聚焦员工能力提升，借助培训体系与职业发展规划，将员工技能与企业战略需求对齐。“用才”强调通过绩效管理、岗位优化和激励机制，最大化人才价值，推动组织目标实现。“留才”则通过薪酬福利、文化塑造与职业发展通道，维持员工稳定性与归属感，降低核心人才流失风险。这四大功能相互衔接，共同支撑企业人力资源的可持续发展。

人工智能系统性优化了人力资源管理“选、育、用、留”四大功能的内容和形式，但同时也面临着技术依赖与伦理挑战。“选才”方面，人工智能通过自然语言处理技术和机器学习算法实现简历自动化筛选与智能面试；“育才”方面，人工智能基于员工技能画像与学习行为数据，生成个性化培训方案，并通过智能学习路径推荐提升培训效率；“用才”方面，人工智能驱动动态人岗匹配与绩效管理，如通过实时数据分析优化岗位调配,并利用预测模型评估员工潜力,使绩效评估的客观性显著提升;“留才”方面,人工智能通过员工情绪分析与满意度监测提供预警(如Moka系统的智能问答平台),并结合个性化激励推荐(如弹性福利与职业发展建议)增强员工归属感。然而,算法偏见、数据隐私泄露及技术依赖风险仍需警惕,未来需构建“技术+人文”的双轨机制,如在算法设计中嵌入伦理审查,并通过产教融合提升从业者的数智化能力,以实现人力资源管理的可持续优化。

8.1 “选才”:员工招聘

微课:

AI对员工招聘的影响

美国学者布劳夫等人将招聘流程分为五个步骤:

第一,确定招聘目标,包括招聘岗位的数量和每个岗位对应的任职要求,如教育背景、专业技能等;

第二,确定招聘策略,明确要招聘何种类型和特征的员工以及相关预算,确定通过何种渠道和方法获取候选人的信息;

第三,完成招聘活动,包括确认参与招聘工作的人员,通过浏览简历和面试获取候选人的信息;

第四,绘制候选人的画像,包括候选人的学历、工作年限、对企业文化的认同度、对未来工作的期望等;

第五,完成招聘决策并输出招聘结果。

传统招聘依赖人工简历筛选与主观面试评价,且要求岗位专家与招聘团队紧密协作,极大占用了招聘者的时间成本,决策也不可避免地受到招聘者个人喜好的影响,存在效率低、偏见风险高的问题。人工智能技术能够重塑招聘流程,如利用光符识别技术帮助招聘人员轻松获取候选人信息,从而优化传统招聘过程中的低效、高偏见问题。

8.1.1 智能筛选简历

在招聘流程中,人工智能技术的应用显著提升了信息处理效率。在简历筛选环节,传统的纸质简历或扫描件需要招聘人员逐字阅读,而光符识别技术能够像智能扫描仪一样，快速将纸质文件中的文字信息转化为可编辑的文本。无论是候选人提交的学位证书复印件，还是手写填写的申请表图片，光符识别技术都能精准识别其中的关键字段，如姓名、学历、工作经历等，并将这些信息自动填充到企业的人力资源管理系统中。

对于电子简历，自然语言处理技术则扮演着"智能信息提炼师"的角色。它能自动解析简历中的语义结构，识别"熟练掌握 Python"这类技能描述，或是"三年市场营销经验"这样的经历陈述，并将分散在不同表述中的核心信息(如专业技能、项目经验、语言能力)进行标准化分类。就像图书管理员为书籍建立索引一样，自然语言处理技术会为每份简历生成结构化标签，使招聘人员能一键筛选出具备特定能力的候选人。

这种技术组合带来的变革体现在两方面：

其一，处理上千份简历的时间可从人工操作的数天缩短至几小时，显著提升了招聘效率；

其二，通过消除人工阅读时的视觉疲劳和认知偏差，避免因简历排版、照片等非能力因素对筛选结果的影响，使评估标准更加聚焦于岗位匹配度本身。

正如自动化生产线替代手工装配，人工智能技术正在重塑招聘流程，使其向标准化、智能化的方向演进。

8.1.2 面试机器人

在视频面试场景中，计算机视觉技术如同"智能面试官助手"，为传统评估方式带来革命性改变。该技术通过三重分析维度构建候选人立体画像：首先，基于语音识别技术解析回答内容的逻辑性，自动标记关键词出现频率(如"团队协作"提及次数)，生成语义分析图谱；其次，运用微表情识别算法捕捉瞬时情绪变化，如候选人在谈论压力情境时是否出现不自觉的皱眉或抿嘴动作，这些持续仅 0.2 秒的表情信号能揭示候选人真实的心理状态；最后，通过姿态估计模型分析肢体语言，量化身体前倾角度、手势幅度等参数，评估候选人的交流意愿与自信心。

与传统人工面试相比，计算机视觉技术具有三大优势：其一，采用统一算法模型进行标准化评估，避免不同面试官因个人经验产生的认知偏差；其二，能同时处理多模态数据，综合语言、表情、动作的协同性做出判断，而人类面试官可能受首因效应影响过度关注单一维度；其三，自动记录面试全程数据，生成包含语速、情绪波动、动作频率的可视化报告，为后续决策提供客观依据。

这种智能化升级不仅提升了筛选效率，更推动了招聘理念转变。企业开始重视对"数字足迹"的分析，将候选人过往的线上协作记录、开源项目贡献等纳入评估体系。正如电子商务重塑消费模式，人工智能驱动的招聘正在构建以数据为基石的新型人才匹配机制，使人岗适配从经验判断走向科学决策。

人工智能在重塑招聘流程、提升效率与客观性的同时，也面临着多重隐忧。

其一，算法偏见风险。若训练数据包含历史歧视（如性别、学历偏好），人工智能可能放大不公，且因决策过程不透明，受害者难以及时申诉。

其二，人性化缺失。过度依赖微表情分析、数字足迹追踪可能侵犯候选人隐私，标准化评估易淘汰具有创新潜力的“非标人才”，导致人才生态趋同。

其三，能力评估局限。人工智能擅长量化硬技能（如编程能力），却难以识别同理心、文化适配性等软实力，而这些特质恰是领导力与团队协作的核心。

当企业将人才简化为数据标签时，需警惕“技术理性”对人性价值的侵蚀——真正的数字化变革，应是在效率与伦理、数据与洞察之间构建动态平衡，而非单向替代。

8.2 “育才”：员工学习与培训

在“育才”方面，人工智能借助个性化推荐算法为员工设计定制课程，并通过虚拟现实技术模拟工作场景进行实战训练，让传统“一刀切”培训转变为精准化学习。这种方式使员工技能提升速度加快、培训成本降低。在人工智能驱动下，“育才”内容即“培育何种能力素质”不仅有通用技能，更包含人机协同能力（如人工智能工具操作）、数字技术硬技能（如 Python 编程、商业智能分析）、数字素养等方面。

8.2.1 培训方式数智化

根据密歇根大学教授戴维·尤里奇的研究，在领导力课程的培训中，只有20%～30%的思想和观念会转化为实践。人工智能技术更加广泛地应用于培训和员工发展的场景中，促进学习过程的智能化变革。

1. 定制化学习

人工智能技术的深度应用正在重构传统培训范式，推动智能化、定制化学习。通过自然语言处理技术与机器学习算法，人工智能助教能够实现 24 小时全天候个性化响应，不仅能即时解答学习疑问，更能基于学习者的知识图谱动态调整指导策略，形成“千人千面”的辅导方案。当与虚拟现实技术融合时，人工智能驱动的智能仿真系统可构建高度还原的工作场景：如在零售培训中，学员通过 VR 设备进入虚拟门店，人工智能顾客生成模块实时模拟各种消费情境，使学员在沉浸式互动中掌握服务技巧。在培训过程方面，人工智能技术构建了“学习—评估—优化”的闭环系统。智能平台通过面部表情识别、语音情感分析等多模态数据，实时捕捉学习者的理解程度与情绪状态，生成包含知识掌握度、注意力曲线等维度的评估报告。

这种智能化转型带来了双重效益提升：学习者在实时反馈中深化任务理解，在情景模拟中增强实践认知；管理者依托数据驱动的培训流程优化，建立起标准化与个性化兼具的人才培养体系。更值得关注的是，人工智能将个体学习数据转化为组织知识资产，形成可重复使用的培训案例库，使隐性经验显性化、碎片化知识系统化。

2. 游戏化学习

人工智能与游戏设计原理的深度融合，正在重塑企业员工学习的参与范式。某餐饮企业为新员工开发的VR游戏便是例证：新员工只要戴上VR眼镜，就能身临其境来到一个密闭操作间，这是一个密室逃脱的场景，员工需要快速进行做菜品的流程。通过这种密室逃脱，员工产生紧张感，动作更加迅速。操作过程中配有步骤讲解，每一个阶段任务完成后都会解锁新的关卡，员工挑战完成后会看到一个成绩单。这样的入职培训提高了员工的积极性，也加深了员工对培训内容的记忆，缩短了培训时间，节约了培训成本。在技术实现层面，人工智能驱动的自适应引擎会根据学员表现动态调整关卡难度。当系统捕捉到学员在库存周转章节出现高频错误时，会自动触发模拟经营小游戏，通过反复试错强化理解。

这种学习革命带来三重效益跃迁：认知层面通过即时正反馈形成“心流体验”，情感层面以游戏化叙事增强代入感，行为层面则借助社交排行榜激发持续学习动力。人工智能技术正在将虚拟世界的激励机制导入现实教育场景中，让学习成为可量化、可持续的价值创造过程。

8.2.2 培训内容数智化

1. 人机协同学习

随着人工智能技术的渗透性发展，人机协同已不再局限于科幻概念，而是成为重塑职业生态的核心要素。一些学者将这种新型交互模式定义为：人与智能设备在共享认知空间中形成动态伙伴关系，通过算法赋能实现能力耦合。这种革命性转变要求企业培训体系构建三大能力模块：

(1)嵌入式算法协作能力

以ChatGPT、DeepSeek等为代表的智能决策系统正在重塑知识工作模式，员工需掌握提示工程技术，学会与人工智能进行“思维接力”。

(2)虚拟系统协同能力

艾媒咨询发布的《2025—2026年中国智能客服行业研究及消费者洞察报告》显示，2024年中国智能客服市场规模达482亿元，预计到2027年，这一数字将增长至907亿元。算法驱动的在线客服系统不仅要求对员工进行语言模型应用技能培训，更需要员工理解多模态交互设计原则。

(3)实体机器协作能力

从工业机器人到达芬奇机器人,算法赋能的实体设备正在改变操作范式。员工需掌握数字孪生界面交互、传感器数据解析等新技能,实现与智能机器的精准协作。

这种革命性转变要求培训体系向人机双元认知方向发展,员工不仅要掌握设备操作技能,更要理解算法背后的决策逻辑,在智能增强框架下实现人机能力的化学融合。正如麦肯锡2024年发布的《工作的新未来》指出,未来职场的核心竞争力将取决于"与人工智能协作的元能力",这已成为数字化人才培训的全新坐标。

2.数字技术要求

在人工智能技术深度渗透产业体系的背景下,各行业对数字素养的要求正在发生结构性变革。公民数字素养作为数字社会的基础能力框架,涵盖数字意识、计算思维、数字化学习与创新以及数字社会责任四个维度。这种素养要求个体不仅具备信息获取与处理能力,更需要建立算法思维,理解数据驱动的决策逻辑,同时培养对数字伦理的敏感认知。

这种素养转型在各行各业呈现出不同的能力图谱:在农业领域,智能农业装备的普及催生了"数字新农人"群体。在精准农业实践中,农户通过物联网传感器实时采集土壤湿度、作物生长数据,运用人工智能模型制订最佳灌溉方案。这需要农民不仅掌握网络操作技能,更要理解数据分析的基本原理,实现从"经验种植"到"数据决策"的跨越。教育领域正经历教学模式的范式转换。上海某重点中学引入人工智能助教系统后,教师角色从知识传授者转变为学习设计师。他们需要分析智能测评生成的学生画像,运用学习分析仪表盘调整教学策略,甚至设计基于虚拟现实的沉浸式课堂。这种转型要求教师具备教育数据解读能力和数字工具整合创新能力。对一般企业来说,企业培训需求呈现指数级增长,人机协作成为职场新常态。某电子公司的"数字孪生"培训项目颇具代表性:工程师通过虚拟界面与工业4.0生产线进行互动,人工智能系统实时模拟设备故障,训练员工在数字环境中完成故障诊断。这种培训模式要求员工既掌握实体机器操作技能,又具备虚拟系统交互能力,形成人机协同工作的新型能力结构。这些案例揭示了一个共同趋势:人工智能技术正在重塑职业能力的底层逻辑。

人工智能在重塑培训体系、改善效率与精准度、提升员工体验感的同时,也面临着多重隐忧。

其一,技术依赖风险。过度沉浸于虚拟仿真可能弱化真实场景的应变能力,如VR模拟的"完美顾客"无法涵盖现实中的突发状况,导致培训成果与实战脱节。

其二,数据伦理困境。面部表情监控、学习行为追踪虽优化了评估客观性,却可能侵犯员工隐私,甚至引发"数字化全景监狱"的质疑。

其三，能力培养失衡。人工智能擅长训练标准化技能（如设备操作流程），却难以培养批判性思维、同理心等软性素养，而这些恰是人机协作中人类不可替代的核心价值。

其四，算法公平性挑战。若训练数据隐含历史偏见（如特定群体学习行为标签偏差），人工智能推荐的“个性化”课程可能加剧机会不平等。

当企业将人才培养简化为数据优化问题时，需警惕“效率至上”对人性化成长的侵蚀——真正的数智化培训，应是技术赋能与人文价值的共生，而非用算法替代教育的温度与深度。

8.3 “用才”：员工绩效管理方式与评价标准

在“用才”方面，人工智能利用智能匹配模型动态调整岗位安排，将固定岗位制度优化为灵活的人岗适配机制，并通过实时数据分析追踪员工绩效表现，全景化、精确化地进行绩效管理。这一变革将提升人力资源利用率，加快项目响应速度。技术赋能后，“用才”标准从“完成基础任务”转向更重视员工对企业战略创新的贡献度与跨团队技术协作的领导力。

8.3.1 绩效管理方式数智化

1. 智能岗位匹配

智能岗位匹配是人工智能驱动的人岗适配新模式，其核心在于通过算法模型动态构建“人才—任务”映射关系。该模式运用自然语言处理技术、知识图谱技术与机器学习模型，深度解析岗位需求说明书与员工技能画像，建立多维度的人才能力矩阵，以动态匹配模式打破固定岗位限制，激励人才的能力发挥，从而提升人力资源利用率。以某企业游戏部门的实践为例，其人工智能系统实时捕捉项目进度与员工技能波动，当检测到某游戏引擎有升级需求时，自动向具备相关算法经验的开发者推送“技能变现”任务包，并动态调整绩效考核权重。

这种匹配机制产生双重激励效应：对个体而言，算法生成的岗位建议往往超出传统职能边界，如让具备物理引擎开发经验的程序员参与VR项目，触发创新潜能释放；对企业而言，智能匹配使项目人员配置时间缩短，跨部门协作效率提升，从而提升企业绩效。

2. 绩效评价全景化和精确化

人工智能技术正在重塑绩效管理的评估模式，推动其向“全景可视”与“精准量化”方向升级。通过整合三大核心技术——计算机视觉技术捕捉行为轨迹、自然语言处理技术解析语言特征、情感分析技术识别情绪波动,企业能够构建多维度的员工绩效画像。这种画像如同“数字孪生体”,不仅记录了工作成果,更能持续追踪代码编写节奏、会议发言质量、项目协作模式等隐性绩效指标。

在管理实践中,技术渗透至组织运行的每个毛细血管。某全球物流企业运用智能手环监测分拣员心率变化,结合货物扫描准确率自动生成“体能-效率”曲线;某科技公司开发的协作平台,能实时分析邮件往来密度与知识共享质量,绘制动态组织关系图谱。这些工具构建起“天罗地网”般的监控体系:生物识别技术确保到岗精准度,GPS定位追踪外勤轨迹,自然语言处理技术甚至能从通话语气中预测客户满意度。这种全景式数据采集使绩效评估突破了时空限制,算法决策提升了评估客观性,能够促进管理效能的指数级提升。

但硬币的另一面逐渐显现,某仓储中心的人工智能监控系统曾因“效率不达标”自动解雇上百名员工,引发了关于“数字泰勒制”的伦理大讨论。这种技术主导的管理强化,如同给职场装上“电子脚镣”,可能会压缩创新所需的试错空间。绩效管理系统正在技术理性与人文关怀的张力中寻找平衡点,这要求管理者在享受技术红利的同时,建立起算法审查机制,将冷冰冰的数字转化为有温度的成长指引,方能在数字化浪潮中实现真正的组织进化。

8.3.2 绩效评价标准转变

1. 强化战略导向

人工智能技术正在通过战略导向的工具系统重构组织与个体的目标协同机制,为绩效评价和战略目标之间的距离拉近提供了可行路径,推动着绩效评价标准从“短期行为量化”转向“战略价值储备”。以某制造企业的创新价值评估模型为例,人工智能系统不仅改变了绩效数据的采集方式,更深度重构了评价维度的战略指向性:通过自然语言处理解析技术文档、机器学习预测技术转化周期,将专利申请的技术前瞻性、知识共享网络贡献度、创新项目的潜在市场价值等战略储备型指标纳入评价体系。这种转变突破了传统绩效考核对工作量、交付时效等执行层指标的单一依赖,转而构建起涵盖技术壁垒构建、组织知识图谱完善、战略资源沉淀等多维度的评价矩阵。企业通过人工智能建立的动态指标库,能够实时识别研发人员在技术预研、跨部门协同创新等战略环节的贡献值,促使绩效管理从“岗位任务验收”升级为“战略能力培育”机制,引导人才将创新活动与企业核心技术竞争力的积累深度绑定,通过数据智能将个体创造力转化为组织的战略性资产储备。

2. 创新能力优先

在生成式人工智能重塑工作模式的背景下,绩效评价体系正经历着从“行为管控”到“创新赋能”的根本性转变。当大语言模型逐步替代基础性工作后，企业愈发意识到：传统以“任务完成量”为核心的评价体系，已难以适应技术创新的需求。这种认知转变推动着绩效评价发生了双重变革：评价内容从关注“行为过程”转向挖掘“创新势能”，衡量维度从“单一结果输出”升级为“多维价值创造”。

人工智能技术支撑着创新成果的精准捕捉与评价。智能系统通过自然语言处理技术，能够解析员工在技术文档中的前瞻性表述，评估其对未来技术路线的预见性；借助知识图谱分析，可以量化员工的技术创新提案在组织知识库中的衍生应用频率，从而精准评估员工的创新绩效。例如，某制造企业通过算法分析发现，某工程师在跨部门协作中提出的技术优化方案，后续被三个不同部门采纳改进，这种“创新扩散力”被量化为具体指标纳入绩效评价。衡量维度的升级催生了新型评价矩阵，领先企业开始构建包含“创新思维活跃度”“技术生态贡献度”“突破性方案孵化效能”等战略指标的评价体系。

人工智能在优化绩效管理、提升效率与客观性的同时，也潜藏多重隐忧。

其一，全景监控的伦理困境。生物识别、GPS 追踪等技术构建的“数字牢笼”，虽量化了行为轨迹，却可能侵犯隐私并加剧职场焦虑。

其二，创新悖论。过度依赖数据驱动的战略导向（如专利数、技术转化率）可能催生“指标功利主义”，员工为迎合算法而追逐短期可量化的“伪创新”，反而抑制了颠覆性思维的萌芽。

其三，能力评估失衡。人工智能擅长衡量代码产出、协作频率等显性指标，却难以捕捉同理心、文化适配性等软性素养，而这些恰是领导力与团队韧性的核心。

其四，算法公平性危机。若历史数据隐含偏见（如女性在技术岗位的过往低占比），智能匹配模型可能系统性边缘化特定群体，固化职场不平等。技术赋能的绩效管理如同一把双刃剑——当企业将人才简化为数据流时，需警惕“效率至上”对人性价值的消解。未来的出路或许在于构建“人本算法”：在数据理性中保留共情空间，在战略量化中守护创新自由，方能在数字化的冰冷逻辑与组织温度间找到平衡支点。

8.4 “留才”：员工关系管理与维护

在“留才”方面，人工智能运用情绪识别技术监测员工满意度，结合预测模型提前预警离职倾向，自动化、智能化地进行薪酬管理，将被动挽留升级为主动干预。此举能使核心员工流失率降低，团队稳定性增强。在人工智能等技术应用的影响下，“留才”的对象从“组织成员”扩展为“为组织工作者”，模糊的边界给员工关系管理带来了一定挑战。

8.4.1 智能化员工关系管理

传统员工关系管理依赖周期性满意度调查、离职面谈等滞后性手段，往往在员工已产生严重不满或提交辞呈时才能察觉问题，导致挽留窗口期过短、干预效果有限。人工智能技术通过情绪识别技术（如语音情感分析、文本情绪检测）和行为预测模型（整合考勤、协作平台数据），实现了对员工心理状态的持续性监测与早期预警。例如，某科技公司会聚合电子邮件数据、日历数据、聊天数据以及员工调查数据，分析业务环境中的协作和员工情绪来透视工作场所模式，从而为员工关系管理提供多层次见解。但技术赋能也伴随新的挑战，员工对“情感监控”的抵触情绪可能削弱其对组织的信任，算法对“消极情绪”的机械化判定可能误判，如将高强度创新项目中的阶段性压力误判为员工对公司的不满。

8.4.2 维护“零工”关系

随着零工经济与项目制协作模式的快速发展，企业人力资源结构中灵活就业群体规模持续扩大。这类无固定劳动关系却创造经济价值的特殊群体，其工作流动性高、组织归属感弱等特点，使得传统基于薪酬福利的激励体系逐渐显现出局限性。人工智能技术驱动的智能用工平台通过以下机制重构管理范式。

首先，基于区块链技术的分布式技能认证系统，为自由职业者构建跨平台、不可篡改的能力凭证库，有效破解临时性工作者技能评估的信任壁垒。其次，依托机器学习算法的动态任务匹配机制，通过实时解析项目需求与工作者技能标签（如设计师的人工智能制图工具使用频次与质量评级），实现生产要素的精准配置。最后，智能激励引擎通过采集、分析工作者行为数据（包括任务响应时效、协作网络贡献度等多元维度），自动触发差异化激励方案（如算法赋能的派单优先级调整、个性化技能提升资源推送）。这种技术赋能的契约关系创新，推动了组织与临时性工作者形成“能力数字化-贡献智能化”的新型协作生态。但需注意的是，该模式在劳动权益保障（如算法调度机制潜在的过劳风险）、组织责任边界（如技能培训资源的权责归属）以及文化认同构建等方面仍存在治理盲区，亟待建立与技术发展相匹配的制度规范体系。

人工智能技术在员工关系管理中的革新虽提升了留才效率，但其局限性正引发多重治理困境。

在智能化监控层面，情绪识别算法虽能预判离职倾向，却会因过度依赖数据化指标陷入“情感计算悖论”——高强度创新团队的阶段性压力常被误判为消极情绪，而持续性的数字监控会加剧员工隐私焦虑。

在零工经济协作生态中，区块链认证与智能派单虽实现了能力-任务的高效匹配，促进人力资本的最优配置，却衍生出“算法牢笼”新风险：动态任务匹配导致工作者陷入无休止的接单竞赛，过劳风险因责任主体模糊难以追责。

这些困境揭示，人机协同时代的留才战略需在技术理性与人文价值间寻找平衡点，否则效率提升可能会以组织伦理根基的动摇为代价。

课后习题

1. 简述人力资源管理的四大功能。
2. 举例说明人工智能技术在人力资源管理中的运用。
3. 思考人工智能技术应用于人力资源管理中的利弊。

第 9 章 人工智能在金融领域中的应用

本章学习目标

1. 掌握人工智能对金融领域核心业务的优化情况；
2. 理解人工智能在金融领域中的实际价值与局限性；
3. 掌握人工智能在金融客户服务中的智能化应用与风险管理。

案例导入

案例 1:摩根大通利用人工智能进行投资决策

摩根大通采用人工智能算法分析海量金融数据，包括市场趋势、公司财报、宏观经济指标等。人工智能模型能够快速处理和挖掘数据中的潜在信息，为投资团队提供精准的投资建议，帮助其识别高潜力的投资机会，优化投资组合。例如，在某一新兴行业的投资决策中，人工智能模型通过对行业内众多企业的数据分析，筛选出了几家具有独特技术优势和良好市场前景的公司，投资团队依据这些建议进行投资，取得了显著收益。然而，人工智能决策也并非万无一失，当市场出现极端突发情况，如全球性公共卫生事件引发的金融市场剧烈动荡时，人工智能模型可能无法及时适应市场的快速变化，导致投资决策出现偏差。

案例 2:蚂蚁金服利用人工智能进行风险评估

蚂蚁金服旗下的支付宝平台，利用人工智能技术构建风险评估体系。通过分析用户的消费行为、还款记录、社交关系等多维度数据，人工智能模型能够准确评估用户的信用风险，为小额信贷业务提供有力支持。以花呗、借呗等产品为例，人工智能系统可以在短时间内对用户的贷款申请做出审批决策，提高了金融服务的效率和可获得性。但随着数据规模的不断扩大和数据来源的日益复杂，数据质量问题逐渐凸显，如数据缺失、错误数据等，可能影响人工智能风险评估的准确性，进而增加金融风险。

金融领域的核心业务主要包括风险管理、投资决策、客户服务等。风险管理旨在识别、评估和控制金融风险，保障金融机构的稳健运营；投资决策关乎资金的合理配置，追求收益最大化；客户服务则致力于满足客户的金融需求，提升客户满意度和忠诚度。这些核心业务相互关联，共同构成金融领域的业务体系，对金融市场的稳定和发展起着关键作用(图 9-1)。

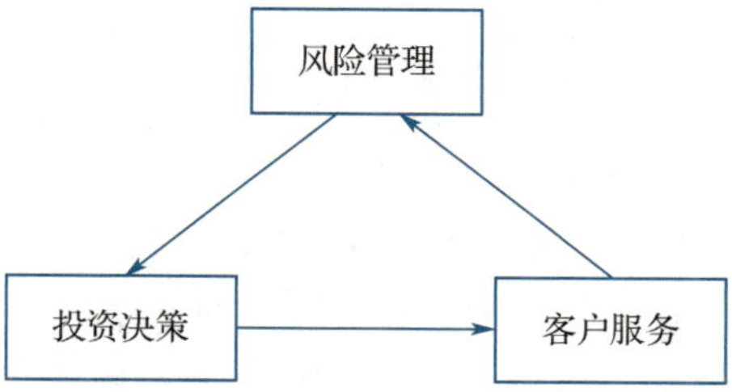

图 9-1　金融三大核心业务领域

人工智能为金融领域的核心业务带来了变革性影响，但同时也面临着技术与伦理挑战。在风险管理方面，人工智能借助大数据分析和机器学习算法，能够更精准地评估风险，实现风险的实时监测与预警；在投资决策方面，人工智能通过挖掘海量数据价值，为投资者提供智能投顾服务，优化投资策略；在客户服务方面，人工智能驱动的智能客服、虚拟数字人等应用，提升了服务效率和客户体验。然而，算法偏见、数据安全问题以及对人工智能技术过度依赖的风险不容忽视。未来，需构建“技术＋监管”的协同机制，在算法开发中融入伦理考量，加强监管力度，推动金融领域在人工智能赋能下实现可持续创新发展。

9.1　风险管理：风险评估与预警

传统的风险管理主要依赖历史数据和经验模型，难以应对复杂多变的金融市场。这种方式在处理海量数据时效率较低，且对市场变化的反应相对滞后，无法及时准确地识别和评估潜在风险。人工智能技术的应用为风险管理带来了新的契机，它能够整合多源数据，运用先进的算法模型，实现风险评估的精准化和预警的实时化。

9.1.1 精准风险评估

微课： AI驱动的风险预测与研判

人工智能技术在风险评估中发挥着关键作用。机器学习算法可以对金融机构内部和外部的海量数据进行深度挖掘和分析。内部数据涵盖客户的交易记录、资产负债情况等，外部数据则包括宏观经济数据、行业动态、社交媒体舆情等。以信用风险评估为例，传统的信用评分模型主要基于客户的基本财务信息和信用历史，而基于人工智能的信用评估模型可以综合考虑更多因素。例如，通过分析客户在社交媒体上的言论和行为模式，判断其消费习惯、还款意愿以及潜在的风险偏好。深度学习算法中的神经网络能够自动学习数据中的复杂模式和特征，构建更加准确的信用风险评估模型，大大提高了风险评估的准确性和可靠性。

人工智能技术在金融风险评估领域实现了范式革新，其核心价值体现在对多维度异构数据的融合处理与非线性关联特征的深度挖掘。机器学习算法通过构建动态评估框架，将金融机构内部数据资产与外部生态数据有机结合，形成全景式风险评估体系。内部数据层面，系统不仅整合了传统结构化数据（包括客户交易流水、资产负债表、现金流量表等），更深入挖掘了非结构化数据价值。例如，通过自然语言处理技术解析企业财务报表中的管理层讨论与分析，捕捉文本中隐含的经营风险信号；运用知识图谱技术构建客户关联网络，识别隐性担保、关联交易等复杂关系链条。

外部数据生态的整合能力是人工智能模型超越传统方法的关键突破。宏观经济数据方面，算法通过实时追踪多维度的经济指标（包括国内生产总值增速、采购经理指数、国债收益率曲线等），构建宏观经济压力测试模型，显著提升了系统性风险传导路径的预判能力。行业动态监测系统整合了全球海量上市公司的经营信息、产业链协同数据以及技术创新趋势，利用先进的时序预测模型对行业周期性波动进行动态评估，对行业景气度周期进行评估。在社交媒体舆情分析领域，基于神经网络架构的预训练模型展现出强大的多模态数据处理能力，可并行解析文本、图像及视频内容；结合情绪倾向识别、热点话题聚类与信息传播网络分析等技术，此类模型在识别潜在的企业声誉风险方面展现出前瞻性优势，为早期预警提供了新的技术路径。

深度学习技术在风险建模中展现出了独特优势。深度因子分解机模型融合了因子分解机与多层感知机，既能捕捉特征间二阶交互作用，又能学习高阶非线性关系。在反欺诈场景中，基于时间卷积网络的行为序列模型，可精准识别信用卡交易中的时空异常模式。针对模型可解释性难题，沙普利加性解释框架的应用使黑箱模型决策透明化，能清晰展示每个特征变量对信用评分的边际贡献，满足监管合规要求。

9.1.2 实时风险预警

人工智能驱动的实时风险预警系统正在重构金融安全防线，其核心在于构建“端到端”的智能感知-决策闭环。基于流式计算框架与深度学习模型的融合架构，现代风险监测系统可实现毫秒级响应延迟，每秒处理超过200万笔交易数据的多维特征提取。系统底层整合了交易所行情数据、对手方清算数据、新闻事件流以及物联网终端数据，通过自适应滑动时间窗口技术，动态捕捉市场微观结构中的异常信号。

在技术架构层面，实时风险引擎采用Lambda架构实现批流一体处理。复杂事件处理引擎配置了动态风控规则集，支持动态阈值调整与模式序列识别。例如，在衍生品市场，系统通过分析期权隐含波动率曲面畸变、波动率套利空间异常等多维度特征，结合长短期记忆网络时序预测模型，可快速识别出“伽玛挤压”风险。高频交易监控是实时预警的典型应用场景。基于时空图卷积网络的算法可建模订单簿动态演化过程，通过捕捉限价订单薄形态畸变、大单拆分行为异常等微观特征，精准识别幌骗等市场操纵行为。

深度学习模型在价格突变预警中展现出独特价值。超长序列依赖建模架构通过捕捉跨周期市场关联性，在波动率预测中表现出较强的一致性，可提升加密货币市场波动率预测的准确性。多模态融合模型同步处理财经新闻文本、央行官员演讲视频微表情、经济指标修订幅度等异构数据源，其构建的市场情绪冲击指数对极端波动具有前瞻预警能力。

面对实时预警的技术挑战，业界正从三个维度寻求突破：首先，研发面向非平稳数据流的在线深度学习框架，通过动态特征重加权机制应对数据分布漂移；其次，构建风险事件本体库，运用因果推理提升预警逻辑可解释性；最后，探索联邦机器学习在跨市场监管中的应用，实现风险信号共享而不泄露商业机密。当前技术前沿已延伸至数字孪生领域。基于实时数据流构建的虚拟金融市场镜像，可每秒完成12万次蒙特卡罗模拟，预演不同干预政策下的风险演化路径。

尽管人工智能在风险管理方面取得了显著成效，但也存在一些潜在问题。一方面，数据质量对人工智能风险评估和预警的准确性至关重要。如果数据存在偏差、错误或不完整，可能导致模型训练结果出现偏差，从而影响风险评估和预警的可靠性。另一方面，人工智能模型的可解释性也是一个挑战。复杂的机器学习算法和深度学习模型往往是“黑箱”操作，难以直观地解释模型的决策过程和依据，这在一定程度上增加了风险管理的难度和不确定性。

9.2 投资决策:智能投顾与策略优化

在投资决策领域,传统的投资方式主要依赖投资经理的经验和专业知识,这种方式不仅效率较低,而且容易受到主观因素的影响。人工智能的应用为投资决策带来了新的思路和方法,推动了投资决策的智能化和科学化。

9.2.1 智能投顾服务

智能投顾是人工智能在投资决策领域的重要应用之一。人工智能驱动的智能投顾系统正在重塑全球资产管理业态,其技术内核在于构建"数据—算法—策略—执行"的全流程自动化投资决策链。基于混合云架构的智能投顾平台,整合了客户行为数据、市场多因子数据及另类数据三大维度信息池,通过微服务架构实现投资特征的实时分析。系统采用深度强化学习框架,将投资组合优化建模为马尔可夫决策过程,在动态市场环境中实现收益风险比的最大化。

技术架构层面,智能投顾系统通过四层模块实现投资决策闭环:客户画像引擎采用联邦学习技术,在保护隐私前提下整合银行、券商、电商等跨平台数据,构建多维度的投资者精准画像。资产分析模块接入全球多个市场的结构化数据(财务指标、量价数据)与非结构化数据(财报电话会议音频、卫星影像),运用动态因子模型实时计算金融资产的预期收益与风险溢价。策略生成器模块基于改进的布莱克-利特曼模型,融合投资者风险偏好与机器学习预测结果,生成个性化资产配置方案。交易执行系统模块则通过强化学习优化订单路径算法,在流动性碎片化市场中降低冲击成本。

在资产配置践中,智能投顾系统展现出传统投顾系统难以企及的优势。以某头部平台"智盈 3.0"系统为例,其配置算法整合了宏观周期识别、行业景气度分析与资产相关性建模,实现了投资组合夏普比率较传统均值-方差模型的大幅提升。深度学习技术正在突破传统组合优化的理论边界。图注意力网络通过建模资产间的非线性传染效应,提升了组合风险分散效率。神经微分方程框架则能连续时间建模市场动态,在极端波动行情中将策略调整响应速度提升至毫秒级。

面对监管合规与模型风险挑战,行业前沿聚焦三大突破方向:基于可解释人工智能的监管报告自动生成系统,确保报告内容满足中国证券监督管理委员会、中国人民银行等监管机构颁布的《中华人民共和国证券投资基金法》《关于规范金融机构资产管理业务的指导意见》等法规中关于投资决策透明度与风险揭示的具体要求;采用对抗训练增强模型鲁棒性,在压力测试中抵御对抗性样本攻击;量子计算优化算法的引入，将组合优化计算速度提升至经典算法的指数级倍率。当前技术演进已延伸至元宇宙金融领域。基于数字孪生技术构建的虚拟投资实验室，可模拟约200种宏观经济情境下的资产表现，结合增强现实技术为投资者提供沉浸式策略验证环境。

9.2.2 投资策略优化

人工智能技术还可以用于优化投资策略。通过对海量金融数据的分析和模拟，人工智能模型能够发现新的投资机会和投资策略。例如，量化投资策略利用机器学习算法对历史数据进行回测和优化，寻找最优的投资参数和交易时机。人工智能模型可以分析市场趋势、价格波动、成交量等数据，识别出具有统计显著性的投资信号，从而制定更加有效的投资策略。同时，人工智能还可以实时监测市场变化，根据市场动态及时调整投资策略，提高投资组合的适应性和收益水平。一些智能投资系统能够根据市场的实时变化，自动调整股票、债券、基金等资产的配置比例，实现投资组合的动态优化。

技术架构层面，智能策略系统通过三层模块实现策略持续进化：信号挖掘层整合卫星影像、供应链物流数据、网络搜索指数等多类另类数据源，运用时空图神经网络捕捉市场非结构化阿尔法信号；策略生成层采用深度强化学习框架，在连续动作空间中优化组合权重分配；执行优化层通过量子退火算法求解最优交易路径，在短时间窗口内完成大宗订单拆分，显著压缩市场冲击成本。

深度学习技术正在重塑传统组合优化理论边界。基于神经架构搜索的自动因子挖掘系统，能生成大量有效风险溢价因子，较人工因子挖掘效率显著提升。在另类投资领域，图卷积网络通过分析加密货币交易所的链上数据流，构建的跨市场套利策略可实现一定的绝对收益。实时动态调仓能力是人工智能策略的核心竞争力。自适应市场状态识别系统通过在线学习技术，高频更新市场动态划分，策略参数调整速度较传统调仓模式大幅提升。高频交易场景下，时态卷积网络驱动的做市策略，在低延迟环境中具有较高的买卖价差捕捉成功率，能创造一定的流动性收益。

然而，人工智能在投资决策中的应用也面临一些风险。一方面，市场环境复杂多变，人工智能模型可能无法完全准确地预测市场走势。当市场出现极端情况或突发事件时，人工智能模型可能无法及时做出正确反应，导致投资损失。另一方面，智能投顾和投资策略优化高度依赖数据和算法，如果数据泄露或算法被攻击，可能会给投资者带来严重的风险。此外，人工智能投资决策的监管尚不完善，存在一定的监管空白，需要加强监管措施，保障投资者的合法权益。

9.3 客户服务:智能客服与个性化服务

在金融领域的客户服务方面,传统的服务模式主要依赖人工客服,存在效率低、成本高、服务时间有限等问题。人工智能技术的应用为客户服务带来了革命性变化,提升了服务效率和质量,增强了客户体验。

9.3.1 智能客服应用

微课: 智能交互服务系统的应用

智能客服是人工智能在金融客户服务中的典型应用。它基于自然语言处理技术和机器学习算法,能够自动理解客户的问题并提供准确回答。金融机构的智能客服可以处理客户的常见问题,如账户查询、业务办理流程咨询、产品信息介绍等。当客户通过在线客服平台、手机 App 等渠道咨询问题时,智能客服能够快速识别客户的意图,从知识库中检索相关信息,并以自然语言的方式回复客户。一些智能客服系统还具备学习能力,能够根据客户的反馈不断优化回答策略,提高服务质量。智能客服的应用大大减轻了人工客服的工作压力,提高了客户服务的效率和响应速度,使客户能够在第一时间获得所需的信息和帮助。

智能客服系统正在重构金融服务业态,其技术内核在于构建"感知—认知—决策—进化"的全栈式服务智能体。基于多模态大语言模型的智能客服平台,整合了语音识别、情感计算、知识图谱等多项核心技术,具备较高的意图识别准确率与语义理解准确率。该模型采用微服务架构,每秒可并发处理大量客户请求,响应延迟控制在较低水平,服务效率较传统人工客服显著提升。

智能客服系统通过四层模块实现服务闭环:前端交互层支持全渠道接入(App、微信、VR 终端等),运用神经辐射场技术构建 3D 数字人形象,具备较高的微表情捕捉精度;语义理解层采用混合架构,融合 BERT、GPT-4 等多种预训练模型,通过动态路由机制适配不同业务场景;知识管理中枢层整合了大量结构化知识条目与非结构化文档,运用图神经网络实现知识动态关联;决策优化层则部署深度强化学习算法,通过客户满意度、问题解决率等多维度指标持续优化对话策略。

面对隐私保护与伦理挑战,行业前沿聚焦三大突破方向:基于同态加密的隐私计算架构,使敏感数据处理全程密态化;可解释人工智能框架生成对话决策溯源报告,满足《中华人民共和国个人信息保护法》规定的算法决策透明化义务。

9.3.2 个性化服务定制

人工智能技术可以实现金融服务的个性化定制。通过分析客户的交易记录、投资偏好、风险承受能力等数据，金融机构能够深入了解客户的需求和行为模式，为客户提供个性化的金融产品和服务推荐。例如，银行可以根据客户的消费习惯和财务状况，为客户推荐合适的信用卡产品、理财产品或贷款方案。证券公司可以根据投资者的投资风格和风险偏好，为投资者推荐个性化的投资组合和投资建议。这种个性化服务能够提高客户的满意度和忠诚度，增强金融机构的市场竞争力。

人工智能驱动的金融服务个性化范式正经历从“千人一面”到“一人千面”的质变跃迁，其技术内核在于构建“数据—认知—决策—适配”的智能映射系统。基于超图神经网络的客户洞察引擎，可实时融合多维度的行为特征与多种情境变量，构建动态更新的客户数字孪生体，具备高效处理客户画像实时更新的能力。系统采用多模态融合架构，整合交易流水、生物特征、时空轨迹等异构数据源，通过对比学习算法挖掘潜藏需求，产品匹配精度较传统规则引擎显著提升。个性化系统通过三层认知模块实现精准服务：客户洞察层部署时序知识图谱，捕捉客户生命周期中多个关键行为触点，运用因果发现算法识别需求驱动因素；策略生成层采用多智能体强化学习框架，在隐私保护前提下协调产品收益与客户效用函数；服务交付层通过神经渲染技术生成个性化金融方案说明书，结合人工智能技术实现 3D 可视化呈现，提高客户决策效率。

在零售银行领域，智能推荐系统展现出显著效能。例如，某股份制银行的智能推荐平台，通过分析客户移动端操作轨迹（如页面停留时长、滑动速度等微行为特征），构建消费意愿预测模型，提升了信用卡交叉销售转化率。其财富管理模块整合客户基因检测数据（经授权）与市场波动特征，运用贝叶斯优化算法生成个性化投资组合，提高了特定年龄段客户的资产管理规模留存率。更突破性的应用体现在信贷领域：基于神经过程的小样本学习模型，仅需少量交易记录即可精准评估新客户信用风险，扩大了普惠金融覆盖率。

尽管人工智能在客户服务方面取得了显著进展，但也存在一些问题。智能客服在处理复杂问题时可能存在理解不准确或回答不全面的情况，影响客户体验。个性化服务定制过程中涉及大量客户数据的收集和使用，如果数据安全措施不到位，可能导致客户数据泄露，侵犯客户的隐私权益。此外，客户对人工智能服务的接受程度也存在差异，部分客户可能对智能客服和个性化推荐存在疑虑，需要金融机构加强沟通和引导。

人工智能在金融领域的应用为金融行业带来了巨大的变革和机遇，但同时也面临着诸多挑战。在未来的发展中，金融机构需要充分发挥人工智能的优势，积极应对挑战,加强技术创新和风险管理,推动金融行业在人工智能的赋能下实现可持续、高质量发展。同时,政府和监管部门应加强对人工智能在金融领域应用的监管,制定完善的法律法规和监管政策,保障金融市场的稳定和投资者的合法权益。

课后习题

1. 简述人工智能在金融领域风险管理中的主要应用。
2. 举例说明智能投顾与传统投顾相比有哪些优势。
3. 分析人工智能在金融客户服务中面临的挑战及应对策略。

第三篇

实践篇

第10章 人工智能工具与平台

本章学习目标

1. 熟悉常用的人工智能工具与平台；
2. 掌握 Python 下载与安装方法；
3. 掌握 R 语言下载与安装方法；
4. 了解 TensorFlow、Keras 和 scikit-learn 的基本功能；
5. 熟悉 TensorFlow、Keras 和 scikit-learn 的优势和适用场景；
6. 了解 Tableau 和 Power BI 基本功能；
7. 熟悉 Tableau 和 Power BI 的优势和适用场景。

案例导入

从手忙脚乱到人工智能管家——一杯奶茶背后的人工智能

小张是大三创业学生，在校门口经营一家加盟奶茶店。开业初期，小张面临着库存管理混乱、促销效果不佳和人力调配低效三大难题，通过引入人工智能工具实现智能转型——阿里云零售人工智能优化库存、百度飞桨预测促销效果、钉钉人工智能考勤自动排班，最终显著提升了运营效率（库存周转率增长了40%、人力成本减少了15%）。

在数据驱动的时代，从数据分析到机器学习，再到商业智能，人工智能工具与平台的应用已经渗透到各个行业和领域。

10.1 数据分析工具

数据分析是人工智能领域的基础环节，它通过对大量数据的收集、处理、分析和解释，帮助人们揭示数据背后隐藏的规律和信息。在数据分析过程中，合适的工具选择至关重要。下面详细介绍三种广泛使用的数据分析工具：Excel、Python 和 R 语言。

10.1.1 Excel

1. Excel 概述

Excel 是微软公司开发的一款电子表格软件，自 1985 年问世以来，凭借其强大的功能和易用性，迅速成为全球最受欢迎的数据分析工具之一。Excel 不仅提供了丰富的数据计算和处理功能，还支持数据可视化，使得用户能够轻松地将数据转化为图表和图形，从而更直观地理解数据。Excel 的基础功能包括单元格操作、公式计算、数据排序和筛选等。用户可以方便地对数据进行基本的处理和分析。此外，Excel 还提供了条件格式、数据验证等高级功能，帮助用户更高效地管理和分析数据。

在数据分析方面，Excel 提供了强大的数据分析工具库，如描述统计、方差分析、相关性分析等。这些工具使得用户能够在不进行复杂编程的情况下，完成对数据的基本统计分析。同时，Excel 还支持数据透视表功能，用户可以通过拖拽字段的方式，快速地对数据进行汇总和分析。除了基础的数据分析功能外，Excel 还提供了 VBA（Visual Basic for Applications）编程语言，使得用户能够编写自定义的宏和脚本，以扩展 Excel 的功能。通过 VBA 编程，用户可以实现更复杂的数据处理和分析任务，提高工作效率。

尽管 Excel 在数据分析方面表现出色，但也存在一定的局限性。例如，当处理大规模数据时，Excel 的性能可能会受到影响；同时，对于某些高级的数据分析任务，如机器学习算法的实现，Excel 可能无法提供足够的支持。因此，在选择数据分析工具时，需要根据具体的任务需求和数据规模来做出选择。

2. Excel 的安装

Excel 的安装方式主要分为独立安装版和 Microsoft 365 订阅版两种形式，用户可根据需求选择合适的版本。在安装 Excel 之前，需确保计算机满足最低系统要求。对于 Windows 用户，操作系统需为 Windows 10 或更高版本，并具备至少 4GB 内存和 4GB 可用存储空间。Mac 用户需运行 macOS 10.15 或更新版本，并确保足够的硬盘空间。访问 Microsoft Office 官方网站下载安装程序或者购买实体光盘或授权密钥，通过安装向导完成安装。安装完成后，首次启动 Excel 需通过 Microsoft 账户激活。Microsoft 365 用户需定期联网验证订阅状态。软件会自动更新，用户也可手动检查更新，以获取最新功能和安全补丁。

3. Excel 数据分析的常用菜单操作

Excel 在进行数据处理与分析中，主要是以菜单操作的形式进行。常用菜单操作见表10-1。

表10-1　　Excel数据分析常用菜单操作

分析阶段	功能类别	常用菜单操作	功能说明
数据导入	读取本地文件	数据＞获取数据＞从文件＞从文本/CSV	导入文本、CSV等格式数据
	读取数据库数据	数据＞获取数据＞从数据库	连接SQL数据库并查询
	读取网络数据	数据＞获取数据＞从数据库	获取API或网页数据
数据清洗	缺失值处理	主页＞删除行＞删除空行	清理空行
	重复值处理	数据＞数据工具＞删除重复值	删除重复值
	数据转换	开始＞数字格式下拉菜单	快速切换为数值/货币/百分比/日期等格式
数据处理	数据筛选与排序	开始＞筛选与排序	按条件筛选数据、对数据进行排序
	分组聚合	数据＞分级显示＞分类汇总	分组计算统计量
	数据合并	数据＞获取数据＞从文件＞从文件夹 选择文件夹→点击组合＞合并和加载	合并文件夹内所有文件
数据分析	描述性统计	数据＞数据分析＞描述统计	数据概览统计
	统计检验	数据＞数据分析＞t检验/z检验	假设检验
	相关分析	数据＞数据分析＞相关系数	计算相关系数
	回归分析	数据＞数据分析＞回归	线性/广义/混合效应模型
数据可视化	基础绘图	选中数据区域(含标题行/列) 插入＞图表→选择图表类型(柱形图/折线图/饼图等)	基础图形绘制
	高级可视化	选中数据区域→开始＞条件格式 选择： 数据条：直观显示数值大小(如库存量) 色阶：用颜色深浅反映数值分布(如温度地图) 图标集：用箭头/符号标记升降趋势	高级图形系统
结果输出	数据导出	按Ctrl+C→在目标文件按Ctrl+V(保留格式) 或右键→粘贴选项＞值(仅粘贴数据)	保存分析结果

10.1.2 Python

微课:

Python 的下载与安装

1. Python 概述

Python 作为一种广泛使用的开源高级编程语言,语法简洁易读,功能强大,在数据分析领域,成为越来越多数据分析师和科学家的首选工具。Python 的数据分析库主要包括 NumPy、Pandas 和 Matplotlib 等。NumPy 是 Python 的一个科学计算库,提供了高性能的多维数组对象和相关的操作函数。通过 NumPy,用户可以方便地进行数组运算、线性代数运算等复杂计算任务。Pandas 是 Python 的一个数据分析库,提供了 DataFrame 等数据结构,使得用户能够轻松地进行数据清洗、转换和分析。Matplotlib 是 Python 的一个绘图库,支持各种类型的图表绘制,帮助用户将数据可视化。除了基础的数据分析库外,Python 还提供了许多专门用于数据分析和机器学习的库。例如,Scikit-Learn 是一个用于机器学习的 Python 库,提供了各种常见的机器学习算法和工具,使得用户能够方便地进行模型训练、评估和预测;Statsmodels 是一个用于统计建模和计量经济学的 Python 库,提供了广泛的统计模型和测试方法。

Python 的优势在于其强大的生态系统和灵活性。通过 Python,用户可以轻松实现复杂的数据处理和分析任务,并且可以将分析结果以图表的形式呈现出来。此外,Python 还支持与其他编程语言和工具的集成,如 C++、Java 和 R 语言等,用户能够充分利用各种资源的优势。然而,Python 也存在一些局限性,对于初学者来说,Python 的语法和库可能相对复杂,需要一定的学习时间和实践经验;同时,在处理大规模数据时,Python 的性能可能会受到一定限制。因此,在选择 Python 作为数据分析工具时,需要充分考虑任务需求和自身技能水平。

2. Python 的安装

在 Windows 环境下,安装 Python 的主要步骤为

(1)下载 Python 安装包

访问官方网站下载安装程序,如图 10-1 所示。

(2)运行安装程序

在安装过程中,勾选“Add Python. exe to PATH”(这一步是关键,否则需手动配置环境变量),点击“Install Now”完成安装,如图 10-2 和图 10-3 所示。

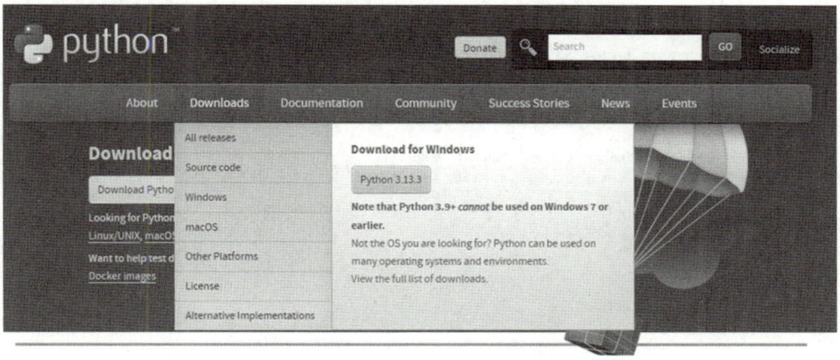

图 10-1　Python 安装包下载界面

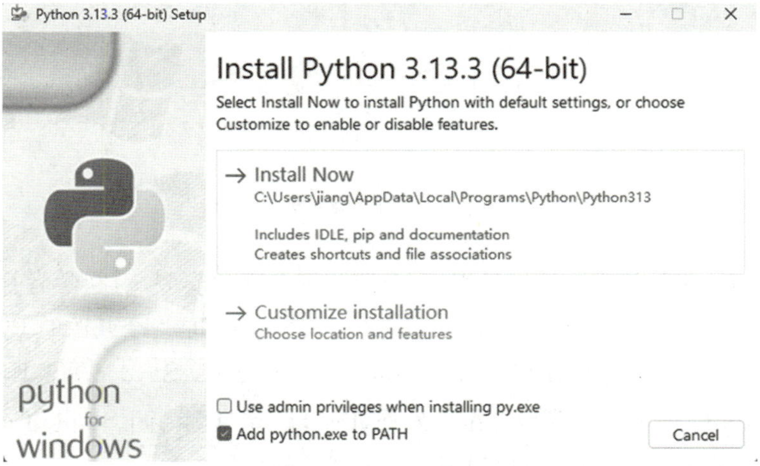

图 10-2　Python 安装界面

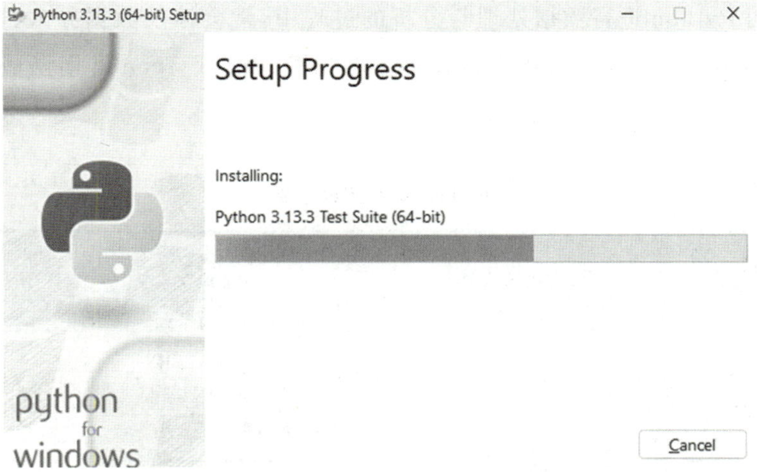

图 10-3　Python 安装进度界面

(3)使用 Python

Python 的操作界面如图 10-4 所示。

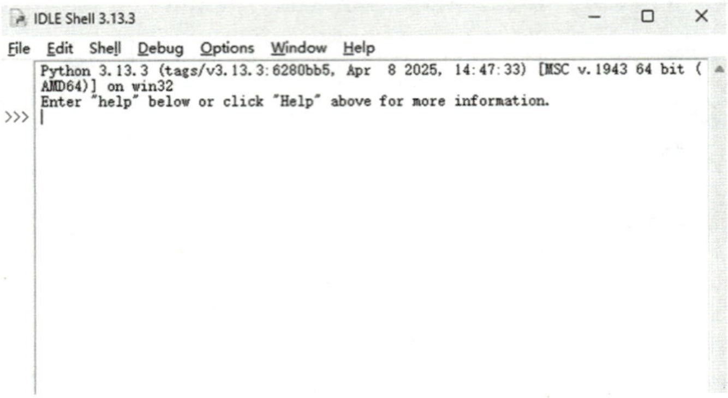

图 10-4 Python 操作界面

在 Python 工具的实际使用过程中，会涉及较多库的安装，对初学者存在一定的学习难度，Anaconda 较好地解决了这一问题。Anaconda 是一个开源的 Python 发行版本，预装了超过 180 个常用库，集成了 Jupyter Notebook、Spyder 等工具，能够更好地完成数据分析与科学计算等工作。另外，PyCharm 与 Visual Studio Code 也是常用的 Python 集成开发环境，可以根据个人习惯选择使用。

3. Python 数据分析的常用函数命令

在使用 Python 进行数据处理与分析的过程中，常会涉及数据导入、数据清洗、数据处理、数据分析、数据可视化以及结果输出等功能，Python 常用函数命令见表 10-2。

表 10-2　　Python 常用函数命令

分析阶段	功能类别	常用函数命令	功能说明	所属库
数据导入	读取本地文件	PD. READ_CSV( )，PD. READ_EXCEL( )，PD. READ_JSON( )	导入 CSV/EXCEL/JSON 等格式数据	PANDAS
	读取数据库数据	SQLITE3. CONNECT( )，PD. READ_SQL( )	连接 SQL 数据库并查询	SQLITE3/PANDAS

（续表）

分析阶段	功能类别	常用函数命令	功能说明	所属库
	读取网络数据	REQUESTS. GET ( ), PD. READ _ HTML( )	获取 API 或网页数据	REQUESTS/PANDAS
数据清洗	缺失值处理	DF. ISNA( ), DF. DROPNA( ), DF. FILLNA( )	检测/删除/填充缺失值	PANDAS
	异常值处理	DF. DESCRIBE( ), DF[DF. COL > THRESHOLD], SCIPY. STATS. ZSCORE( )	识别和处理异常值	PANDAS/SCIPY
	数据转换	DF. ASTYPE ( ), PD. TO _ DATETIME( ), PD. GET_DUMMIES( )	类型转换/日期处理/特征编码	PANDAS
数据处理	数据筛选	DF[DF. COL > 0], DF. QUERY( ), DF. LOC[], DF. ILOC[]	按条件/位置筛选数据	PANDAS
	排序	DF. SORT_VALUES( ), DF. SORT_INDEX( )	按值/索引排序	PANDAS
	分组聚合	DF. GROUPBY( ), DF. AGG( ), DF. PIVOT_TABLE( )	分组计算统计量	PANDAS
	数据合并	PD. CONCAT ( ), PD. MERGE ( ), DF. JOIN( )	多表连接/行列合并	PANDAS
数据分析	描述性统计	DF. DESCRIBE ( ), DF. MEAN ( ), DF. VALUE_COUNTS( )	数据概览统计	PANDAS
	统计检验	SCIPY. STATS. TTEST _ IND ( ), SCIPY. STATS. CHISQUARE( )	假设检验	SCIPY. STATS
	相关分析	DF. CORR( ), SCIPY. STATS. PEARSONR( )	计算相关系数	PANDAS/SCIPY. STATS
	回归分析	SKLEARN. LINEAR_MODEL. LINEARREGRESSION ( ), STATSMODELS. API. OLS( )	线性回归模型	SKLEARN/STATSMODELS
	机器学习	SKLEARN. MODEL _ SELECTION. TRAIN _ TEST _ SPLIT ( ), SKLEARN. ENSEMBLE. RANDOMFORESTCLASSIFIER( )	机器学习流程	SKLEARN

（续表）

分析阶段	功能类别	常用函数命令	功能说明	所属库
数据可视化	基础绘图	DF. PLOT( ), PLT. PLOT( ), PLT. HIST( ), PLT. SCATTER( )	基础图形绘制	PANDAS/MATPLOTLIB
	高级可视化	SNS. BARPLOT( ), SNS. HEATMAP( ), PX. LINE( )	高级统计图形	SEABORN/PLOTLY
	图形美化	PLT. TITLE( ), PLT. XLABEL( ), SNS. SET_STYLE( )	图形样式调整	MATPLOTLIB/SEABORN
结果输出	数据导出	DF. TO_CSV( ), DF. TO_EXCEL( ), DF. TO_SQL( )	保存分析结果	PANDAS
	报告生成	DF. TO_MARKDOWN( ), DF. STYLE. HIGHLIGHT_MAX( )	生成格式化输出	PANDAS

10.1.3 R 语言

微课：

R 语言的下载与安装

1. R 语言概述

R 语言是一种专门用于统计分析和图形表示的编程语言和操作环境。自 1993 年被开发以来，R 语言凭借其强大的统计功能和灵活的图形表示能力，在数据分析领域得到了广泛应用。R 语言的核心功能是数据处理和统计分析。通过 R 语言，可以方便地进行数据清洗、转换和整理等操作。同时，R 语言提供了线性回归、逻辑回归、时间序列分析等丰富的统计函数和模型，用户能够借此完成各种复杂的统计分析任务。

除了基础的统计分析功能外，R 语言还提供了强大的图形表示能力。通过 R 语言的绘图函数和包，用户可以轻松绘制各种类型的图表和图形，如散点图、柱状图、折线图等。这些图表不仅美观易读，而且能够帮助用户更直观地理解数据和分析结果。

R 语言拥有庞大的用户群体和开发者社区，他们不断贡献新的包和工具，以扩展 R 语言的功能和应用范围。这些包涵盖了从基础统计分析到高级机器学习算法等各个方面，用户能够方便地找到适合自己的工具和方法。

R 语言工作界面如图 10-5 所示。

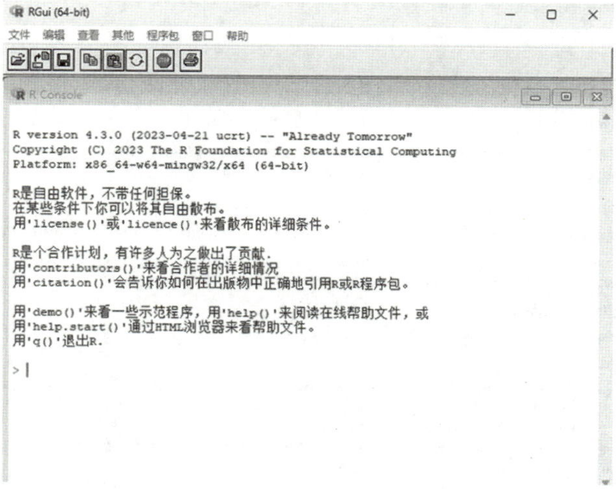

图 10-5 R 语言工作界面

然而，R 语言也存在一些局限性。首先，R 语言的语法相对复杂，对于初学者来说可能存在一定的学习难度；其次，在处理大规模数据时，R 语言的性能可能会受到影响。此外，与 Python 等其他编程语言相比，R 语言在商业应用方面的支持可能相对较弱。因此，在选择 R 语言作为数据分析工具时，需要充分考虑任务需求和自身技能水平。

2. R 语言的安装

在 Windows 环境下安装 R 语言的主要步骤为

(1)下载 R 语言安装包

访问官网方网站下载 R 语言安装包，如图 10-6 所示。

(2)运行安装程序

下载 R 语言安装包后，按照安装向导提示安装，如图 10-7 所示。

安装成功后即可使用 R 语言。同样，R 语言也有 RStudio、R Commander 等集成开发环境，可以更为高效地完成 R 语言的数据分析、统计建模及可视化任务。

事实上，Excel、Python 和 R 语言都是优秀的数据分析工具，它们各自具有独特的优势和适用场景。在选择数据分析工具时，需要根据具体的任务需求、数据规模和自身技能水平做出决策。同时，也可以结合多种工具的优势，以实现更高效、准确的数据分析。

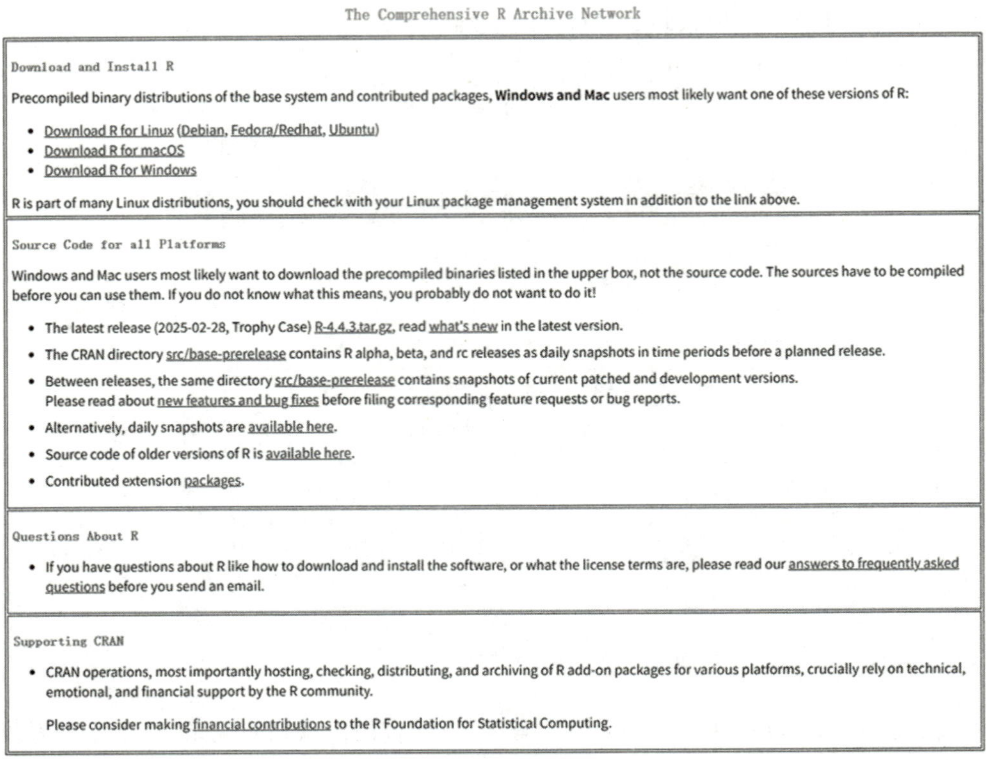

图 10-6　R 语言安装包下载界面

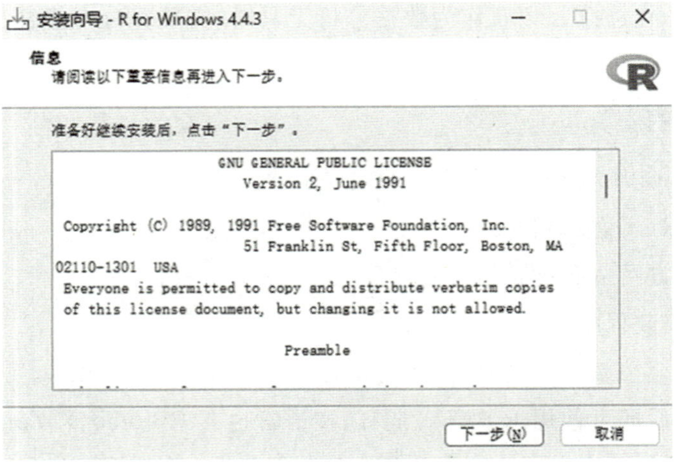

图 10-7　R 语言安装向导

3. R 语言数据分析的常用函数命令

R 语言在进行数据处理与分析过程中，会涉及数据导入、数据清洗、数据处理、数据分析、数据可视化以及结果输出等功能，R 语言常用函数命令见表 10-3。

表 10-3 R语言常用函数命令

分析阶段	功能类别	常用函数命令	功能说明
数据导入	读取本地文件	READ. CSV( ), READ. TABLE( ), READ_EXCEL( ) (FROM READXL)	导入 CSV、文本、EXCEL 等格式数据
	读取数据库数据	DBCONNECT ( ), DBGETQUERY ( ) (FROM DBI)	连接 SQL 数据库并查询
	读取网络数据	JSONLITE::FROMJSON ( ), HTTR::GET ( ), XML2::READ_XML( )	获取 API 或网页数据
数据清洗	缺失值处理	IS. NA ( ), COMPLETE. CASES ( ), TIDYR::DROP_NA( ), MICE::MICE( )	检测/删除/插补缺失值
	异常值处理	BOXPLOT. STATS( ) $ OUT, DPLYR::FILTER ( ), OUTLIERS::GRUBBS. TEST( )	识别和处理异常值
	数据转换	DPLYR:: MUTATE ( ), BASE:: TRANSFORM ( ), TIDYR::PIVOT_LONGER( )/PIVOT_WIDER( )	变量计算/长宽格式转换
数据处理	数据筛选	DPLYR::FILTER( ), SUBSET( )	按条件筛选数据
	排序	DPLYR::ARRANGE( ), ORDER( )	按变量排序
	分组聚合	DPLYR::GROUP_BY( ), DPLYR::SUMMARISE ( ), AGGREGATE( )	分组计算统计量
	数据合并	DPLYR::LEFT_JOIN ( ), MERGE ( ), BIND_ROWS( )/BIND_COLS( )	多表连接/行列合并
数据分析	描述性统计	SUMMARY ( ), PSYCH:: DESCRIBE ( ), SKIMR::SKIM( )	数据概览统计
	统计检验	T. TEST( ), CHISQ. TEST( ), AOV( ), WILCOX. TEST( )	假设检验
	相关分析	COR( ), COR. TEST( ), HMISC::RCORR( )	计算相关系数
	回归分析	LM( ), GLM( ), LME4::LMER( )	线性/广义/混合效应模型
	机器学习	CARET::TRAIN( ), RANDOMFOREST::RANDOMFOREST( ), E1071::SVM( )	分类/回归模型

（续表）

分析阶段	功能类别	常用函数命令	功能说明
数据可视化	基础绘图	PLOT( ), HIST( ), BOXPLOT( ), BARPLOT( )	基础图形绘制
	高级可视化	GGPLOT2::GGPLOT( ), LATTICE::XYPLOT( ), PLOTLY::PLOT_LY( )	高级图形系统
	图形美化	GGPLOT2::THEME( ), GGTHEMES::THEME_ECONOMIST( ), RCOLORBREWER::BREWER.PAL( )	图形样式调整
结果输出	数据导出	WRITE.CSV( ), WRITEXL::WRITE_XLSX( ), SAVERDS( )	保存分析结果
	报告生成	RMARKDOWN::RENDER( ), KNITR::KABLE( ), FLEXTABLE::FLEXTABLE( )	生成动态报告

10.2 机器学习平台

机器学习是人工智能领域中的一个重要分支，它通过让计算机从数据中自动学习规律和模式，从而实现对未知数据的预测和分类。在机器学习过程中，选择合适的平台至关重要。下面介绍三个广泛使用的机器学习平台：TensorFlow、Keras 和 scikit-learn。

10.2.1 TensorFlow

TensorFlow 是谷歌公司开发的一个开源机器学习框架，自 2015 年发布以来，凭借其强大的功能和灵活性，迅速成为全球最受欢迎的机器学习平台之一。TensorFlow 支持多种编程语言（如 Python、C++等），并提供了丰富的应用程序编程接口（Application Programming Interface，API）和工具，使得用户能够方便地构建和训练机器学习模型。

TensorFlow 的核心功能是计算图的构建和执行。计算图是 TensorFlow 中的基本概念，它由节点和边组成，节点表示操作（如加法、乘法等），边表示数据在节点之间的流动。通过构建计算图，用户可以定义复杂的机器学习模型，并将其转化为可在计算机上执行的程序。除了基础的计算图功能外，TensorFlow 还提供了丰富的机器学习库和工具。例如，TensorFlow 为开发者封装了线性回归、逻辑回归、神经网络等常见的机器学习算法，用户能够方便地选择和应用这些算法。同时，TensorFlow还支持自动微分功能，能够自动计算梯度，从而简化模型训练过程。分布式训练也是TensorFlow的一个重要功能。通过TensorFlow的分布式训练框架，用户可以将模型训练任务分配到多个计算机或图形处理器上，以加速训练过程。这使得TensorFlow在处理大规模数据集和复杂模型时具有显著优势。

然而，TensorFlow也存在一些局限性。首先，由于其强大的功能和灵活性，TensorFlow的学习曲线相对较陡，需要具有一定的编程和机器学习基础。其次，在构建复杂模型时，TensorFlow的代码可能会变得相对冗长和复杂，增加了调试和维护的难度。因此，在选择TensorFlow作为机器学习平台时，需要充分考虑任务需求和自身技能水平。

10.2.2 Keras

Keras是一个高层神经网络API，它能够运行在TensorFlow、Microsoft Cognitive Toolkit、Theano等后端之上。Keras的设计目标是简化深度学习模型的构建、训练和评估过程，使得用户能够更快速地实现和部署深度学习应用。Keras提供了简洁易用的API，使得用户能够方便地定义和训练神经网络模型。通过Keras，用户可以轻松地构建各种类型的神经网络，如全连接网络、卷积神经网络、循环神经网络等。同时，Keras还支持模型的保存和加载功能，方便用户进行模型的持久化和迁移学习。除了基础的神经网络构建功能外，Keras还提供了丰富的预处理工具和模型评估方法。通过Keras的预处理工具，用户可以对数据进行标准化、归一化等预处理操作，以提高模型的训练效果。同时，Keras还提供了各种模型评估指标(如准确率、损失等)，帮助用户评估模型的性能并进行优化。

Keras的优势在于其简洁易用的API和强大的功能。通过Keras，用户可以快速地实现和部署深度学习应用，而无须深入了解底层框架的实现细节。此外，Keras还支持与TensorFlow等后端框架的集成，使得用户能够充分利用这些框架的优势。

然而，Keras也存在一些局限性。由于Keras是一个高层API，它在某些方面可能无法提供与底层框架相同的灵活性和控制性。对于需要高度定制化的深度学习应用来说，用户可能需要直接使用TensorFlow等底层框架来实现。因此，在选择Keras作为机器学习平台时，需要充分考虑任务需求和自身技能水平。

10.2.3 scikit-learn

scikit-learn是一个用于机器学习的Python库，它提供了各种常见的机器学习算法和工具，用户能够方便地进行模型训练、评估和预测。scikit-learn的设计目标是简洁易用、高效可靠，并且与Python生态系统紧密集成。scikit-learn提供了丰富的机器学习算法，包括线性模型、支持向量机、决策树、随机森林等。通过这些算法，用户可以方便地解决分类、回归和聚类等机器学习问题。scikit-learn 还提供了模型选择和评估工具，帮助用户选择最优的模型算法。scikit-learn 不仅提供了丰富的机器学习算法，还非常注重易用性和一致性，其 API 设计简洁明了，用户能够轻松上手，即使没有机器学习背景的开发者也能快速掌握。在 scikit-learn 中，所有的机器学习算法都遵循统一的接口规范，这意味着用户可以使用相同的方式来调用不同的算法，大大简化了模型选择和比较的过程。

除了算法本身，scikit-learn 还提供了大量的数据预处理和特征工程工具。数据预处理是机器学习项目中不可或缺的一环，它包括数据清洗、缺失值处理、数据标准化或归一化等操作。scikit-learn 提供了便捷的函数和类来完成这些任务，用户能够轻松地准备数据，为后续的模型训练打下良好基础。

scikit-learn 也提供了特征选择、特征提取和特征变换等工具，帮助用户从原始数据中提取有用的信息，提高模型的性能。例如，通过特征选择，用户可以去除不相关或冗余的特征，减少模型的复杂度；通过特征提取，用户可以将高维数据转换为低维数据，保留数据的主要信息；通过特征变换，用户可以对数据进行缩放、旋转等操作，数据更适合模型的训练。在模型训练方面，scikit-learn 提供了交叉验证、网格搜索等高级功能，帮助用户找到最优的模型参数。交叉验证是一种评估模型性能的方法，它将数据集划分为多个子集，轮流将其中一个子集作为测试集，其余子集作为训练集，从而得到多个模型的性能评估结果。此外，scikit-learn 还非常注重性能优化和可扩展性，它利用了 NumPy 和 SciPy 等高效数值计算库，使得模型训练和预测的速度非常快。同时，scikit-learn 还支持并行计算，可以充分利用多核处理器的优势，加速模型的训练过程。

然而，scikit-learn 也有一些局限性。由于它主要侧重于传统机器学习算法的实现，对于深度学习等前沿领域可能支持不够。对于需要处理大规模数据集或复杂模型的场景，scikit-learn 可能不是最佳选择，此时应考虑使用更专业的深度学习框架或分布式计算平台。

TensorFlow、Keras 和 scikit-learn 都是优秀的机器学习平台，它们各自具有独特的优势和适用场景。TensorFlow 提供了强大的计算图和分布式训练功能，适合处理大规模数据集和复杂模型；Keras 提供了简洁易用的 API，使得用户能够快速实现和部署深度学习应用；scikit-learn 则注重易用性和一致性，提供了丰富的机器学习算法和数据预处理工具，适合处理传统机器学习问题。

在选择机器学习平台时，应根据具体的任务需求、数据规模和自身技能水平来做出决策。同时，也可以结合多个平台的优势，使用 TensorFlow 或 Keras 来构建和训练深度学习模型，使用 scikit-learn 来进行数据预处理和特征工程，以实现更高效、准确的机器学习应用。

10.3 商业智能工具

商业智能是指将企业中现有的数据进行有效整合，快速准确地提供报表并提出决策依据，帮助企业做出明智的业务经营决策。在商业智能领域，有许多优秀的工具可以帮助企业实现数据的可视化、分析和报告。本节将介绍两个广泛使用的商业智能工具——Tableau 和 Power BI。

10.3.1 Tableau

Tableau 是一款由 Tableau Software 公司开发的商业智能和数据可视化工具，它以其强大的数据连接能力、直观的用户界面和丰富的可视化图表而著称。Tableau 支持连接到关系数据库、大数据平台以及云服务等多种数据源，用户能够轻松地将不同来源的数据整合在一起进行分析。Tableau 的用户界面设计非常直观，用户可以通过拖拽和放置的方式快速创建图表和仪表板。它提供了丰富的可视化图表类型，如柱状图、折线图、散点图等，满足用户不同的数据展示需求。同时，Tableau 还支持自定义图表和仪表板的样式和布局，用户能够创建出符合企业品牌形象和用户需求的可视化作品。

除了基础的可视化功能外，Tableau 还提供了强大的数据分析功能。用户可以通过 Tableau 的计算字段、过滤器、参数等功能对数据进行深入分析和探索。例如，用户可以使用计算字段来创建新的数据指标或进行数据转换；使用过滤器来筛选数据或突出显示特定的数据点；使用参数来创建动态图表或仪表板，实现数据的实时更新和展示。Tableau 具有强大的交互性，用户可以通过点击、拖拽、缩放等操作与图表和仪表板进行交互，深入探索数据的细节和关联性。同时，Tableau 还支持将图表和仪表板发布到 Tableau Server 或 Tableau Online 上，实现数据的共享和协作，这使得团队成员能够随时随地访问和分析数据，提高工作效率和决策速度。

但是，Tableau 也存在一些局限性。一方面，由于其强大的功能和灵活性，Tableau 的学习曲线相对较陡，需要一定的时间和实践来掌握；另一方面，在处理大规模数据集或复杂查询时，Tableau 的性能可能会受到影响。

10.3.2 Power BI

Power BI 是由微软公司开发的一款商业智能工具，它集数据获取、数据转换、数据建模和数据可视化等功能于一体。Power BI 以其与微软生态系统的紧密集成、易用的用户界面和丰富的可视化组件而受到广大用户的喜爱。Power BI 具有强大的数据获取能力，支持从多种数据源中获取数据，包括 Excel、CSV、数据库、云服务等。

用户可以通过 Power BI Desktop 或 Power BI Service 轻松地连接到这些数据源，并将数据导入 Power BI 中进行分析和可视化。在数据转换方面，Power BI 提供了丰富的数据清洗和转换功能。用户可以使用 Power Query 编辑器对数据进行清洗、转换和整合操作，如去除重复值、填充缺失值、转换数据类型等。这些操作使得用户能够轻松地准备数据，为后续的分析和可视化打下良好的基础。

Power BI 还提供了强大的数据建模功能。用户可以在 Power BI 中创建数据模型、定义表之间的关系、创建计算列和度量值等，这些操作使得用户能够更深入地分析数据，发现数据之间的关联和规律。在可视化方面，Power BI 提供了丰富的可视化组件和图表类型。用户可以通过拖拽和放置的方式快速创建图表和报表，并对其进行自定义设置和调整。同时，Power BI 还支持将图表和报表发布到 Power BI Service 上，实现数据的共享和协作。

此外，Power BI 还与微软公司的其他产品（如 Excel、SharePoint 等）紧密集成，使得用户能够更方便地使用这些工具来分析和展示数据。例如，用户可以将 Power BI 报表嵌入 Excel 中，或者将 Power BI 仪表板添加到 SharePoint 页面中，实现数据的无缝集成和展示。

Tableau 和 Power BI 都是优秀的商业智能工具，它们各自具有独特的优势和适用场景。作为行业领先的分析工具，Tableau 提供专业级的数据连接方案和可视化效果；Power BI 则专注于为用户提供开箱即用的分析体验，两者在交互设计和图表丰富度上也各有特色。在选择商业智能工具时，需要根据具体的业务需求、数据规模和自身技能水平来做出决策。同时，也可以结合多个工具的优势，使用 Tableau 来处理复杂的数据可视化和分析任务，使用 Power BI 来与微软公司的其他产品进行集成和协作，以实现更高效、准确的商业智能应用。

课后习题

1. 常用的人工智能工具与平台有哪些？
2. TensorFlow、Keras 和 scikit-learn 的优势和适用场景是什么？
3. Tableau 和 Power BI 的各自优势和适用场景是什么？

第11章 电商客户流失的机器学习预测实践

本章学习目标

1. 熟悉人工智能项目一般流程；
2. 掌握项目需求分析的内容与方法；
3. 了解数据收集渠道与方法；
4. 掌握数据清洗的内容与方法；
5. 掌握数据预处理的内容与方法；
6. 掌握数据特征选择的方法；
7. 掌握数据特征缩放的方法；
8. 熟悉常用的机器学习模型与深度学习模型；
9. 掌握随机森林模型的基本原理及其优缺点；
10. 了解模型评估指标的具体内涵；
11. 了解模型优化方法。

案例导入

智能定价技术破解跨境电商利润难题

国内某家跨境电商使用人工智能动态定价系统，实时监控竞品价格、库存和用户需求，自动调整商品售价。算法结合历史销售数据和市场波动，在保证竞争力的同时最大化利润。实施后，该平台毛利率提高12%，清仓效率提升25%，尤其在促销季避免了价格战。

本章以某电商企业客户流失的预测与应对为例，进一步梳理总结人工智能项目的一般流程与工作内容。

11.1　项目概况与需求分析

11.1.1　项目概况

1. 项目背景

在当今竞争激烈的市场环境中，企业面临着诸多挑战，其中客户流失是一个关键问题。客户流失不仅会导致企业收入减少，还可能影响企业的市场份额和品牌形象。因此，如何有效预测客户流失并采取针对性的挽留措施，成为企业亟待解决的重要问题。

以某电商企业为例，该企业拥有庞大的客户群体，但近年来客户流失率逐渐上升，严重影响了企业的盈利能力。为了应对这一挑战，企业希望通过人工智能技术构建一个客户流失预测模型，提前识别潜在流失客户，并制定个性化的挽留策略，以提高客户满意度和忠诚度，降低客户流失率。

2. 项目目标

本项目的预期目标有三个：

首先，预测客户流失。通过分析客户的多维度数据，构建一个能够准确预测客户流失概率的人工智能模型。

其次，制定挽留策略。根据模型预测结果，为不同流失风险等级的客户制定个性化的挽留策略，提高挽留成功率。

最后，优化客户关系管理。借助人工智能技术，提升企业对客户行为的洞察力，优化客户关系管理系统，增强客户满意度和忠诚度。

11.1.2　需求分析

完成该项目需要满足数据需求、功能需求以及性能需求。

1. 数据需求

数据需求主要包括：

(1)客户基本信息

客户基本信息指年龄、性别、职业、收入水平以及注册时间等。

(2)交易记录

交易记录指购买品类、购买金额、购买频率、最后一次购买时间、平均购买金额等。

(3)行为数据

行为数据指浏览页面数量、停留时间、浏览路径、点击率等。

(4)服务记录

服务记录指投诉次数、咨询次数、反馈信息、处理结果等。

(5)外部数据

外部数据指行业动态、竞争对手信息、宏观经济数据等。

2. 功能需求

功能需求主要包括：

(1)数据收集与整合

能够从客户关系管理(Customer Relationship Management,CRM)系统、企业资源计划(Enterprise Resource Planning,ERP)系统以及电商平台等多个系统收集数据，并进行有效的整合和清洗，确保数据的完整性和准确性。

(2)模型训练与评估

支持多种机器学习和深度学习算法，能够根据数据特点选择合适的算法进行模型训练，并对模型性能进行评估和优化。

(3)预测与预警

实时对客户流失风险进行预测，并在客户流失率较高时发出预警信号，提醒企业相关人员及时采取措施。

(4)策略推荐

根据客户流失的原因和风险等级，自动生成个性化的挽留策略建议，如提供优惠券、专属客服服务、产品推荐等。

(5)可视化展示

通过直观的图表和报表，展示客户流失预测结果、挽留策略效果等关键信息，方便企业管理层进行分析决策。

3. 性能需求

性能需求主要包括：

(1)准确性

模型预测客户流失的准确率应达到较高水平，一般要求准确率不低于80%。

(2)实时性

能够实时处理客户数据并进行预测，确保企业在第一时间发现潜在流失客户并采取行动。

(3)可扩展性

系统应具备良好的可扩展性，能够随着企业数据量的增加和业务的拓展进行灵活扩展，支持更多的客户和更复杂的业务场景。

(4)稳定性

系统在运行过程中应保持稳定可靠,避免数据量过大或模型复杂度过高而导致系统崩溃或响应缓慢。

11.2 数据收集与预处理

机器学习训练过程具体包括数据收集与预处理、特征选择与提取、模型选择与训练、模型评估与优化以及模型部署与应用等步骤,本小节将结合某电商企业客户流失预测模型,在人工智能大框架下,进一步阐释这一过程,对数据收集和数据预处理等问题进行了更为深入地探讨与分析。

11.2.1 数据收集

1. 内部数据收集

内部数据可以通过企业的CRM系统、ERP系统、电商平台以及客户服务系统等渠道获得。具体地,CRM系统可以提取客户基本信息、交易记录、服务记录等数据;ERP系统可以提供企业的库存管理、订单处理、财务数据等信息;电商平台收集客户的浏览行为、购买路径、评价信息等数据;客户服务系统能够整理客户的咨询记录、投诉记录、反馈信息等。

2. 外部数据收集

外部数据主要通过行业报告、社交媒体以及宏观经济等渠道获取。行业报告关注行业动态和市场趋势,收集与企业业务相关的行业报告、竞争对手分析报告等;通过爬虫技术收集客户在社交媒体平台上对企业产品或服务的评价、讨论等信息;同时还可以获取国内生产总值增长率、通货膨胀率、失业率等宏观经济数据。

11.2.2 数据预处理

1. 数据清洗

数据清洗主要包括处理缺失值、处理异常值和检查数据一致性等问题。

(1)处理缺失值

一般而言,对于缺失值比例超过30%的特征,且该特征对模型的重要性较低,可以选择删除该特征,对于缺失值较多的样本,也可以考虑删除。对于缺失值较少的特征,可以采用均值填充、中位数填充以及众数填充等方法。例如,客户的收入水平可以使用均值或中位数填充；客户的性别可以使用众数填充。对于重要的特征，如果缺失值比例适中，可以利用其他特征与该特征之间的关系，通过建立预测模型来填充缺失值。例如，根据客户的年龄、职业等信息预测其收入水平。

(2)处理异常值

异常值处理可以通过可视化与统计方法进行检测。可视化检测是指通过绘制箱线图、散点图等可视化图表，直观地发现数据中的异常值。例如，客户的购买金额数据中可能存在异常值。统计方法检测是指利用 Z-score、IQR 等统计学方法检测异常值。例如，对于购买金额这一特征，如果某个样本的 Z-score 大于 3 或小于－3，可以认为该样本是异常值。

对于检测到的异常值，可以根据实际情况采取不同的处理方法。如果异常值是数据录入错误导致的，可以进行修正；如果异常值是真实存在的但对模型训练影响较大，可以选择删除该样本或将其替换为正常值。

(3)检查数据一致性

数据一致性主要体现在格式与逻辑的一致性。一方面，确保数据的日期、数值等格式统一，如果数据格式不一致，需要进行格式转换；另一方面，检查数据之间的逻辑关系的合理性。例如，客户的年龄应该大于等于 18 岁，购买金额应该大于 0 等。如果发现数据存在逻辑错误，需要进行修正或删除。

2. 特征工程

(1)特征选择

特征选择主要有基于统计学、模型以及领域知识等方法。

①基于统计学

计算特征与目标变量之间的相关性，如皮尔逊相关系数、卡方检验等，选择与目标变量相关性较高的特征，如选择客户的购买频率、购买金额、投诉次数等特征与客户流失概率可能存在较高相关性的特征。

②基于模型

利用决策树、随机森林等机器学习模型自带的特征重要性评估功能，选择对模型性能有较大贡献的特征。

③基于领域知识

结合各领域的专业知识，选择对业务问题有实际意义的特征，如在金融风险评估中，客户的信用评分、资产负债率等特征是重要的风险指标。

(2)特征构造

特征构造主要包括数值特征构造、分类特征构造以及时间特征构造三类。

①数值特征构造

数值特征构造是指通过对原始数值特征进行数学运算或组合，构造新的特征。

例如,计算客户的平均购买金额、购买金额的标准差等。

②分类特征构造

分类特征构造是指将一些文本特征或分类型特征进行编码或转换,构造新的特征。例如,将客户的性别(男、女)转换为数值特征(0、1),或者将客户的职业进行分组编码。

③时间特征构造

时间特征构造是指对于时间序列数据,可以构造一些与时间相关的特征。例如,计算客户最后一次购买时间与当前时间的间隔(天数)、客户在最近一个月内的购买次数等。

(3)特征缩放

特征缩放主要是指将数据进行标准化和归一化处理。标准化是指将特征值转换为均值为0、标准差为1的分布,公式为

$$X_{\text{标准化}}=\frac{X-\mu}{\sigma} \tag{10.1}$$

式(10.1)中,X是原始特征值,μ是特征的均值,σ是特征的标准差。标准化适用于大多数机器学习算法,尤其是那些对特征值范围敏感的算法,如线性回归、逻辑回归、支持向量机等。

归一化是指将特征值缩放到[0,1],公式为

$$X_{\text{归一化}}=\frac{X-X_{\min}}{X_{\max}-X_{\min}} \tag{10.2}$$

式(10.2)中,$X_{\min}$和$X_{\max}$分别是特征的最小值和最大值。归一化适用于与距离计算相关的算法,如K近邻算法、聚类算法等。

11.3 模型选择与训练

微课: scikit-learn机器学习库的使用

11.3.1 模型选择

1. 机器学习模型

本书在之前章节中已经较为详细地阐释了线性回归、决策树、支持向量机、K均

值聚类以及强化学习的算法原理，在此不再赘述。下面主要阐述逻辑回归模型和随机森林模型。

(1)逻辑回归模型

逻辑回归与线性回归在因变量层面上的区别是前者为非连续变量(如分类变量等)，后者为连续变量。逻辑回归是一种经典的二分类模型，通过 Sigmoid 函数将线性回归的输出映射到(0,1)，表示样本属于正类的概率。其数学表达式为

$$P(y=1|x)=\frac{1}{1+e^{-(\beta_0+\beta_1x_1+\cdots+\beta_nx_n)}} \tag{10.3}$$

式(10.3)中，$x_1,x_2,\cdots,x_n$ 是特征；$\beta_1,\beta_2,\cdots,\beta_n$ 是模型参数。

逻辑回归模型简单，易于理解和解释，计算速度快，适合处理大规模数据集。对于客户流失预测这种二分类问题，逻辑回归可以直观地输出客户流失的概率，便于企业根据概率阈值制定挽留策略。

然而，逻辑回归模型假设特征之间是线性关系，对于非线性关系的数据拟合效果较差。如果数据中存在较多的非线性特征或特征之间的交互作用，可能需要进行特征工程来改善模型性能。

(2)随机森林模型

随机森林模型是一种集成学习算法，通过构建多棵决策树并将它们的预测结果进行加权平均或投票来提高模型的性能。在构建每棵决策树时，随机森林模型会从原始数据集中有放回地抽取样本(即自助采样)，并且在每次分裂时随机选择一部分特征进行分裂，这样可以增加模型的多样性，减少过拟合的风险。

随机森林模型具有较强的抗过拟合能力，能够处理大规模数据集和高维特征，模型性能稳定。同时，随机森林模型可以输出特征重要性评分，帮助企业了解哪些特征对客户流失预测最为关键，为进一步的业务分析提供依据。

但是，随机森林模型的训练和预测时间相对较长，尤其是当决策树的数量较多时。此外，随机森林模型的结构较为复杂，不如单棵决策树那样直观易懂，解释性相对较差。

2.深度学习模型

本书在之前章节中已经讲述了深度学习模型中的神经网络模型，本小节主要讲述长短期记忆网络(Long Short-Term Memory，LSTM)模型。

长短期记忆网络是一种特殊的循环神经网络，专门用于处理时间序列数据中的长短期依赖关系。在客户流失预测中，客户的购买行为、浏览行为等都具有时间序列特征，长短期记忆网络模型可以通过输入门、遗忘门以及输出门等门控机制来控制信息的流动，记住长期的信息并遗忘无关的信息，从而更好地捕捉客户行为的时间动态变化。例如，长短期记忆网络模型可以记住客户在过去几个月内的购买频率

变化情况，以及最近一次购买与当前时间的间隔等信息，这些信息对于预测客户流失具有重要意义。

长短期记忆网络模型能够有效处理时间序列数据中的长短期依赖关系，对于具有时间序列特征的客户流失预测问题具有较好的适应性。长短期记忆网络模型的训练过程可以通过反向传播算法进行优化，能够自动学习数据中的时间特征和模式。

然而，长短期记忆网络模型结构复杂，训练难度较大，对数据量和计算资源要求较高。同时，长短期记忆网络模型的解释性也较差，难以直观地理解模型是如何利用时间序列信息进行预测的。此外，长短期记忆网络模型在处理大规模数据集时容易出现过拟合现象，需要通过一些正则化技术来提高模型的泛化能力。

13.3.2 数据划分与模型训练

1. 数据划分

将预处理后的数据集划分为训练集、验证集和测试集。通常可以按照70%、15%、15%的比例进行划分，或者根据具体的数据量和项目需求进行调整。训练集用于训练模型，验证集用于调整模型的学习率、正则化参数等超参数，测试集用于评估模型的最终性能。

2. 模型训练

逻辑回归模型可以使用Python机器学习库中的逻辑回归算法进行训练，通过调用拟合方法将训练集数据输入模型进行训练，模型会自动学习数据中的特征与目标变量之间的关系，优化模型参数，进一步通过网格搜索法对模型的正则化参数进行调优；随机森林模型使用Python机器学习库中的随机森林分类算法进行训练，调整了决策树的数量和最大深度等超参数；支持向量机模型使用Python机器学习库中的支持向量机算法进行训练，通过网格搜索法对核函数和正则化参数进行调整和优化；长短期记忆网络模型使用TensorFlow框架构建了长短期记忆网络模型进行训练。

3. 模型评估与优化

(1)模型评估

在客户流失预测项目中，常用的评估指标包括准确率、召回率、F1值、ROC值[①]四个数值。准确率表示模型预测正确的样本占总样本的比例；召回率表示实际流失的客户中被模型正确预测为流失的比例；F1值是准确率和召回率的调和平均值，综

① AUC(Area Under the Curve)表示ROC曲线下的面积。ROC(Receiver Operating Characteristic Curve)的中文直译是受试者工作特征曲线，该名称源自二战时期雷达信号检测理论，后引入医学诊断和机器学习领域。

合考虑了准确率和召回率的平衡；AUC值表示模型中受试客户特征曲线下的面积，反映了模型在不同阈值下的性能，AUC值越大，模型性能越好。

(2)模型优化

逻辑回归模型可以通过提高正则化强度，进一步优化模型的性能；随机森林模型可以通过增加决策树的数量和调整最大深度，进一步优化模型的性能；支持向量机模型可以通过调整核函数参数和正则化参数，进一步优化模型的性能；神经网络模型可以通过增加隐藏层的神经元数量和调整学习率，进一步优化模型的性能；长短期记忆网络模型可以通过增加长短期记忆网络层的神经元数量、采用丢弃法技术防止过拟合等方法，提升模型预测的准确率。

11.4 模型训练结果与解决方案

11.4.1 模型训练结果的比较

在11.1—11.3小节分析的基础上，分别使用逻辑回归模型、随机森林模型以及长短期记忆网络模型等不同模型进行训练，根据各个模型准确率、召回率、F1值以及AUC值等指标的大小，进一步通过系统化的数据特征优化处理、严格的模型验证机制强化、智能化的参数优化体系构建以及多模型协同的集成策略升级，全面提升模型的训练效率和预测性能。可以看到，优化方法不仅包括标准化的特征工程和分层交叉验证等基础优化手段，更融合了智能参数调优和模型集成等进阶技术，通过各环节的协同作用，使模型在准确性和稳定性上达到最优状态，最终实现更精准可靠的预测效果。

11.4.2 解决方案

1.设计客户流失预测系统

(1)系统架构

系统架构主要包括数据收集层、数据预处理层、模型训练层、预测与预警层、可视化展示层。数据收集层负责从企业的CRM系统、电商平台系统、客户服务系统等收集数据；数据预处理层对收集到的数据进行清洗、特征工程等处理，确保数据的质量和可用性；模型训练层根据预处理后的数据训练客户流失预测模型，支持多种机器学习和深度学习算法；预测与预警层实时对客户流失风险进行预测，并在客户流失概率较高时发出预警信号，提醒企业相关人员及时采取措施；可视化展示层通过图表和报表的形式展示客户流失预测结果和挽留策略效果等信息,方便企业管理层进行决策分析。

(2)技术选型

不同的系统架构层采用不同的技术。数据收集层主要使用 Python 的爬虫技术和应用程序编程接口调用技术;数据预处理层则主要使用 Pandas、NumPy 等数据处理库;模型训练层使用 TensorFlow 框架构建长短期记忆网络模型;预测与预警层使用 Flask 框架搭建后端服务,通过定时任务调用模型进行预测;可视化展示层:使用 ECharts 图表库和 Django 框架搭建前端页面。

2. 制定挽留策略及效果评估

(1)个性化挽留策略

根据客户流失预测模型的输出结果,将客户分为高流失风险客户、中流失风险客户和低流失风险客户。对于高流失风险客户,制定个性化的挽留策略,如提供高额优惠券、专属客户服务、产品升级推荐等;对于中流失风险客户,提供适度的优惠活动和产品推荐;对于低流失风险客户,定期发送感谢邮件和新产品信息,保持与客户的良好关系。

(2)策略效果评估

建立一套完整的挽留策略效果评估体系,通过对比实施挽留策略前后的客户流失率、客户满意度、客户价值等指标,评估挽留策略的有效性。根据评估结果,不断优化挽留策略,提高挽留客户的成功率。

3. 项目实施与推广

(1)项目实施

在企业内部选择一个部门或一个业务区域进行试点实施,将客户流失预测系统与企业的 CRM 系统、电商平台系统等进行集成,实时获取客户数据并进行预测和预警。同时,与企业的客服团队、营销团队等进行紧密合作,根据预测结果及时采取挽留措施,并跟踪挽留策略的效果。

(2)项目推广

在试点实施取得成功后,将客户流失预测系统推广到企业的其他部门和业务区域,逐步扩大应用范围。在推广过程中,加强对企业员工的培训,提高员工对人工智能技术的理解和应用能力,确保项目的顺利实施和推广。

课后习题

1. 简述人工智能项目一般流程。

2. 项目需求分析内容与方法是什么？
3. 数据收集渠道与方法有哪些？
4. 数据清洗的内容与方法有哪些？
5. 数据预处理的内容与方法有哪些？
6. 数据特征选择的方法有哪些？
7. 数据特征缩放的方法有哪些？
8. 简述常用的机器学习模型与深度学习模型。
9. 简述随机森林模型的基本原理及其优缺点。
10. 模型评估指标有哪些？具体含义是什么？

第12章 人工智能与业务融合的机遇、挑战与未来

本章学习目标

1. 理解人工智能与业务融合的必然性及机遇；
2. 分析企业在人工智能融合过程中面对的技术、人才、伦理等方面的挑战；
3. 了解未来企业在人工智能影响下的形态、竞争方式和创新模式；
4. 认识到在人工智能时代持续学习和适应变化的重要性。

案例导入

A公司的智慧零售转型

近年来，全球零售巨头A公司面对日益激烈的市场竞争和消费者个性化需求的爆发式增长，决定全面启动其“AI驱动的智慧零售”战略。通过部署先进的人工智能系统，A公司旨在实现其线上线下业务的深度融合与智能化升级。

在消费者端，A公司利用人工智能分析海量购买历史、浏览行为和社交媒体数据，为每一位顾客提供高度个性化的商品推荐，甚至能预测顾客的潜在需求并提前备货。例如，当一位顾客浏览了婴儿用品后，人工智能会智能推送相关的育儿知识和产品组合，极大提升了转化率和客户满意度。

在运营管理方面，A公司引入人工智能优化供应链和物流配送。人工智能系统能够实时监测库存水平，预测各地门店的销售需求，自动生成最优补货计划，并智能规划配送路线，使得物流成本降低了15%，商品到货时间平均缩短了1天。此外，智能客服机器人承担了80%的常见咨询，大幅提升了客户服务的效率和响应速度。

然而，这场智能化转型并非一帆风顺。A公司在实施过程中遇到了诸多挑战：如何整合分散在不同业务系统中的海量数据？人工智能模型在推荐时偶尔出现偏差，如何确保其决策的公平性和可解释性？员工对人工智能取代人工的担忧导致了一定的抵触情绪，企业如何进行有效的人才转型与技能升级？同时，在利用人工智能进行精准营销时，如何严格遵守数据隐私法规，保障消费者个人信息安全，也成为A公司必须面对的伦理难题。

面对这些挑战，A公司正在积极探索构建一套全面的人工智能治理框架，旨在确保其应用人工智能既能持续创造商业价值，又能兼顾社会责任和伦理原则。

12.1 人工智能与业务融合的必然性与机遇

在当今快速变化的商业环境中，人工智能与企业业务的深度融合已不再是未来趋势，而是正在发生的必然。这一进程不仅重新定义了企业的运营模式和决策逻辑，更开启了前所未有的发展机遇。

人工智能的崛起并非偶然，它是数字化转型浪潮、数据洪流爆发以及全球竞争日益激烈等多重因素共同作用的结果。面对海量数据，传统的人工分析方法显得力不从心，而人工智能技术凭借其强大的数据处理、模式识别和预测能力，能够从复杂数据中提炼出有价值的信息，为企业提供智能化的决策支持。同时，人工智能的成熟度与可及性不断提高，使得各种规模的企业都有机会将其引入日常运营，从而提升效率、优化资源配置。此外，消费者行为的快速演变和个性化需求的激增，也迫使企业必须借助人工智能的力量，精准捕捉市场动态，提供定制化的产品与服务。因此，将人工智能融入企业核心业务，已成为企业保持竞争力、实现可持续发展的必由之路。

这种深度融合为企业带来了多方面的重大机遇。

第一，在决策层面，人工智能能够将海量分散的数据整合为统一的智能视图，赋能企业实现数据驱动的精准决策，从而在市场预测、风险评估和战略规划等方面获得显著优势。

第二，人工智能驱动的自动化能够极大地提升运营效率，如通过自动化重复性任务、优化供应链管理、实现智能制造等，不仅能降低成本，还能释放人力资源，使其聚焦于更具创新性和战略性的工作。

第三，人工智能在提升客户体验方面发挥着关键作用，从智能客户服务到个性化推荐，人工智能能够深度理解并响应客户需求，构建更加紧密和忠诚的客户关系。

第四，人工智能的创新潜力在于帮助企业发掘新的商业模式和增长点，通过分析市场空白和潜在需求，驱动新产品、新服务的开发与迭代。

第五，在日益复杂的商业环境中，人工智能在风险管理和欺诈检测方面的能力尤为突出，能够实时监控并预警潜在风险，保障企业资产安全和合规运营。

第六，人工智能与业务的融合还将促进企业内部人才结构的优化和升级，催生新的技能需求和岗位，推动组织向更智能、更敏捷的方向发展。

12.2 人工智能与业务融合的挑战与治理

12.2.1 技术与数据挑战：融合深化的“硬骨头”

在企业追求人工智能与业务深度融合的道路上，技术与数据构成了初期最难啃的“硬骨头”。这些挑战并非孤立存在，而是相互交织，要求企业投入大量的资源和精力去应对，才能确保人工智能项目的成功落地并发挥其应有的价值。

首先，数据质量与可用性是基石性的挑战。人工智能的效能高度依赖于数据的质量和规模，许多企业面临“数据孤岛”、数据格式不统一、数据不完整或存在偏见等问题。历史数据中可能存在的偏差，若未经妥善处理，将被人工智能模型学习并放大，导致不公正或不准确的决策。确保数据的及时性、准确性、完整性和一致性，是构建可靠的人工智能模型的前提，但这也是一个耗时且复杂的工程。

其次，数据整合的复杂性不容小觑。随着人工智能应用场景的拓展，企业需要汇集来自内部(如 ERP 系统、CRM 系统、物联网设备)和外部(如市场数据、社交媒体)的多元数据源。这些数据通常存储在不同的技术架构和数据库中，采用不同的数据标准和应用程序编程接口，进行有效的数据抽取、转换、加载(ETL)，数据湖、数据仓库的建设，以支持人工智能模型的训练和推理，这本身就是一项巨大的技术挑战。

再次，人工智能模型的可解释性与鲁棒性是企业深层次融合中必须直面的难题。尤其是深度学习等复杂模型，其内部决策过程如同一个“黑箱”，难以被人理解和解释。这在金融、医疗等受严格监管的行业中构成了巨大障碍，因为企业需要向监管机构证明决策的公平性、合规性，并能追溯问题的来源。同时，人工智能模型的鲁棒性也备受关注，即模型在面对异常输入、微小扰动甚至对抗性攻击时的稳定性和准确性，确保其在真实复杂环境中依然能够可靠运行。

再其次，人工智能解决方案的规模化部署与现有基础设施的兼容性也是技术整合的难点。将实验室阶段的人工智能模型转化为能够在企业级生产环境中稳定运行、高效扩展的解决方案，需要强大的计算资源、弹性云服务以及成熟的机器学习运维实践。同时，许多企业拥有庞大的遗留系统，这些老旧系统与新兴人工智能技术的集成往往伴随着高昂的成本、复杂的技术栈适配以及潜在的兼容性风险，这要求企业在技术选型和架构设计上具备前瞻性和灵活性。

最后，数据安全与隐私保护始终是人工智能技术应用中悬在企业头顶的“达摩克利斯之剑”。人工智能模型训练和运行时需要处理大量敏感数据，如何确保数据在全生命周期的安全，防止数据泄露、滥用或被恶意攻击，并严格遵守日益严格的数据隐私法规，是企业在技术融合过程中必须优先考虑并持续投入的关键领域。这些技术与数据层面的挑战，无疑是企业在人工智能融合之路上必须啃下的“硬骨头”，但也是推动企业技术能力升级和构建核心竞争力的必经之路。

12.2.2 组织与人才挑战：变革阻力与能力重塑

在企业致力于将人工智能深度融入业务流程的过程中，技术和数据固然是显性的“硬骨头”，但隐性且更具长期影响的则是来源于组织内部的挑战——变革阻力与人才能力的重塑。这些挑战触及企业文化的深层结构和员工的根本利益，其复杂性不亚于任何技术难题，甚至可能成为人工智能战略成功的决定性因素。

首先，最普遍的挑战来源于员工的变革阻力。当人工智能被引入工作场所，许多员工会自然而然地产生担忧，尤其是对“饭碗”的焦虑——担心自己的工作被人工智能取代。这种恐惧若得不到有效疏导，将演变为抵触情绪，影响人工智能工具的采纳和协作效率。此外，习惯于现有工作流程的员工，也可能对新技术的学习曲线、操作复杂性产生抵触，缺乏对人工智能潜力的理解和信任，从而减缓甚至阻碍人工智能在企业内部的推广和应用。企业文化若未能及时调整以拥抱创新，同样会成为人工智能落地的阻碍。

其次，人才结构的巨大缺口与能力重塑是企业面临的另一项核心挑战。深度融合人工智能不仅需要顶尖的人工智能科学家和工程师，更需要大量既懂业务又懂人工智能的复合型人才，如能够结合业务实际提出人工智能应用方向的业务分析师、能够解读模型结果并将其转化为商业价值的管理者。然而，人才市场上这类稀缺人才的竞争异常激烈。对于现有员工而言，其技能体系需要进行大规模的升级和转型。这要求企业投入巨大的资源用于员工的再培训和技能提升，帮助他们适应与人工智能协同工作的新模式，从执行者转变为人工智能的管理者、使用者和创新者。如果培训不到位，员工的人工智能素养不足，将直接影响人工智能工具的效能发挥。

最后，组织架构的适应能力成为未来变革的关键。传统的层级分明、部门壁垒森严的组织结构，往往难以适应人工智能项目所需的跨职能协作、快速迭代和实验性文化。人工智能项目的成功往往需要数据科学家、业务专家、信息技术工程师等多元团队的紧密配合。这要求企业打破部门界限，建立更加扁平化、敏捷化的组织模式，鼓励创新和试错，并由高层管理者提供清晰的人工智能战略愿景和坚定支持，才能有效推动人工智能从试点走向规模化应用。

12.2.3 伦理与社会挑战：责任边界与公正原则

随着人工智能日益深入地融入企业核心业务，其潜在的伦理与社会挑战也逐渐浮出水面，对企业的责任边界和所遵循的公正原则提出了严峻考验。这些挑战不仅关乎技术本身，更触及人类社会的公平、尊严与未来福祉，要求企业在追求效率和利润的同时，必须审慎考量其人工智能应用的社会影响。

首先，算法偏见与公平性问题。人工智能系统通过学习历史数据进行决策，如果训练数据本身存在偏见（如性别、种族、年龄等不平衡），或者算法设计中无意间引入了歧视性假设，那么人工智能系统就可能复制甚至放大这些偏见，导致不公平的后果。例如，在招聘过程中，人工智能可能因历史数据而偏爱某些群体，排斥另一些群体；在信贷审批中，人工智能可能无意识地对特定社会群体设置更高的门槛。这种偏见不仅损害了个人权益，也可能引发严重的社会信任危机和法律风险。

其次，数据隐私与个人自由的边界正在被重新定义。人工智能的强大能力建立在海量数据的收集、分析和利用之上，这不可避免地触及个人隐私。企业如何在确保利用数据进行个性化服务、风险评估等业务活动时，既能最大化人工智能的价值，又能严格保护用户的隐私，避免数据滥用，防止个人信息被泄露或用于未经授权的目的，是企业必须持续投入资源和精力去解决的伦理难题。过度的数据收集和监控甚至可能引发公众对"算法权力"侵蚀个人自由的担忧。

再次，责任归属与透明度问题日益凸显。当人工智能系统做出错误或造成损害的决策时，究竟谁应该承担责任？是数据提供者、算法开发者、系统使用者还是最终决策者？"黑箱"式的人工智能模型使得其决策过程难以解释和追溯，这不仅增加了问责的难度，也降低了公众对人工智能的信任。企业需要在确保人工智能效能的同时，努力提升模型的透明度和可解释性，构建清晰的责任链条，确保当人工智能出现问题时，能够迅速识别原因并承担相应责任。

最后，人工智能的广泛应用还引发了对就业结构与社会公平的深层思考。虽然人工智能会创造新的就业机会，但其自动化能力无疑也会取代部分重复性、低技能的工作岗位，这可能会加剧社会贫富差距和失业问题。企业在推动人工智能融合时，需要积极承担社会责任，与政府和社会各界共同探讨如何进行劳动力再培训、如何构建适应未来工作形态的社会保障体系，以实现技术进步与社会福祉的平衡发展。

12.2.4 智能治理框架与策略：确保负责任的人工智能应用

面对人工智能与业务融合过程中涌现的技术、组织、伦理和社会挑战，企业若要真正实现人工智能的价值并规避潜在风险，仅依靠零散的应对是远远不够的。构建一套健全的智能治理框架与策略，成为确保人工智能技术负责任、可持续应用的必由之路。这不仅关乎合规，更是企业信誉、市场竞争力乃至社会责任的体现。

智能治理框架的核心在于顶层设计与战略引导。企业高层领导者必须首先树立清晰的人工智能伦理与治理愿景，将负责任的人工智能原则融入企业的核心价值观和发展战略中。这意味着要超越单纯的技术部署和经济效益考量，从企业文化层面确立人工智能应用的道德底线和行为规范。缺乏自上而下的重视和投入，任何治理措施都可能流于形式。

在此基础上，企业需要建立完善的组织结构并有明确的职责划分，包括设立专门的人工智能伦理委员会或治理办公室，由跨职能的专家组成（如数据科学家、法律顾问、伦理专家、业务负责人），负责制定、监督和评估人工智能相关政策。同时，要明确人工智能项目从设计、开发、测试、部署到维护全生命周期中各个团队和个人的责任边界，确保人工智能系统的可追溯性和问责制，避免“责任黑洞”的出现。

制定全面的政策与流程是治理框架的基石，这涵盖了数据采集和使用的隐私保护政策、算法公平性评估标准、模型可解释性要求、风险评估和缓解程序以及人工智能系统审计规范等。例如，在数据层面，企业应建立严格的数据脱敏、匿名化流程，并确保用户知情同意；在算法层面，应定期对人工智能模型进行偏见检测，并建立紧急停止机制。这些政策应转化为可执行的标准操作流程，嵌入日常的人工智能开发和运营实践中。

有效的风险管理与持续合规是智能治理的保障。企业需要建立动态的风险识别、评估、监控和应对机制，针对人工智能可能带来的技术风险（如模型漂移、安全漏洞）、伦理风险（如歧视性决策）、法律风险（如违规处罚）和声誉风险（如公众抵制）进行全面管理。同时，随着全球各国人工智能相关法律法规的不断出台，企业必须紧密跟踪并确保其人工智能应用持续符合最新的监管要求，主动规避潜在的法律风险。

保持透明度与加强利益相关者沟通是构建信任的关键。企业应尽可能提升人工智能决策过程的透明度，在合理范围内向用户和相关方解释人工智能系统的工作原理和决策依据，尤其是在涉及重要个人权益的场景。同时，积极与员工、客户、监管机构乃至更广泛的社会群体进行沟通，收集反馈，增进理解，共同探索人工智能的负责任发展路径。构建这样一个多维度、系统化的智能治理框架，企业才能在充分释放人工智能巨大潜力的同时，确保其技术创新始终沿着负责任、可控且符合社会期待的轨道前行。

12.3 融合趋势下的企业未来发展

12.3.1 智能共生：未来企业的形态与运营特征

在人工智能与企业业务深度融合的浪潮中，未来的企业将不再是传统意义上的组织，而是进化为一种全新的生命体——一个以智能共生为核心特征的实体。这种共生关系超越了简单的工具使用，它意味着人工智能不再仅仅是辅助性的技术，而是作为企业的神经系统和驱动引擎，与人类员工深度协同，共同塑造企业形态与运营模式，开启一个高度智能化的新纪元。

首先，未来企业的核心特征体现在其极致的数据驱动能力上。在这个新形态中，数据不再是被动收集的资产，而是企业运营和决策的血液，由人工智能系统进行实时、全面、深度分析和提炼。从市场趋势预测到客户行为洞察，从供应链优化到人力资源配置，每一个战略制定和日常运营决策都将建立在人工智能提供的精准洞察之上。数据分析不再是某个部门的职能，而是渗透到企业每一个环节的基因，以确保决策的科学性和前瞻性。

其次，高度自动化与智能化运营将成为未来企业的常态。得益于人工智能，重复性、规则性的任务将被全面自动化，甚至许多复杂的、需要判断的流程也将由智能系统完成。例如，智能机器人不仅在生产线上高效作业，也将深入财务、法务、客户服务等后台部门，承担大量烦琐且精准的工作。运营体系将变得更具自我优化能力和预测性，能够提前识别并解决潜在问题，实现资源的动态优化配置，从而实现前所未有的运营效率和响应速度。

再次，智能共生的精髓在于人机协同成为核心工作模式。人工智能并非要取代人类，而是作为人类能力的放大器和智能助手。未来的企业员工将不再是简单的执行者，而是人工智能的管理者、协作者和创新者。人类的独特优势——如创造力、批判性思维、情商、复杂伦理判断和战略远见——将得到最大限度的发挥，而人工智能则负责处理海量信息、执行精确任务和提供智能建议。这种协同使得企业能够在保持高效运行的同时，最大限度地发挥创新潜能，应对更复杂的挑战。

最后，未来企业将更具敏捷性与适应性。人工智能驱动的实时洞察和自动化能力，使得企业能够对市场变化、客户需求和突发事件做出极速响应。传统的线性决策流程将被迭代式、并行化的敏捷模式所取代，企业能够快速调整策略、优化产品和服务，甚至重构商业模式，从而在不确定的环境中保持强大的韧性和竞争力。最终，这种智能共生将促使企业向更开放的平台化与生态化方向发展，构建一个充满活力的商业生态系统。

12.3.2 价值重构：核心竞争力与创新范式的演进

在人工智能深度融入企业运营的时代洪流中，企业赖以生存和发展的基石——核心竞争力，正经历着前所未有的重构；与此同时，驱动增长的创新范式也在发生深刻演变。这不仅是工具层面的升级，更是企业价值创造逻辑的根本性转变。

传统上，企业的核心竞争力可能源于其规模经济、品牌影响力、独特技术、分销网络或成本控制能力。然而，在人工智能时代，这些要素的重要性虽并未消失，但其实现方式和影响力却被人工智能赋予了新的维度，并催生出全新的核心竞争力。首先，数据智能和算法能力将成为企业的核心资产。企业不再仅仅拥有数据，更重要的是其驾驭数据、从中提炼洞察并将其转化为智能应用的能力。这包括高效的数据采集、清洗、整合能力，以及开发、部署并持续优化定制化人工智能算法的实力。掌握独特的算法和高质量、专有数据，将使企业在市场中建立难以模仿的竞争壁垒。其次，人机协作的卓越能力也将成为新的核心竞争力。成功的企业是那些能够有效整合人类智慧和人工智能的组织，它们懂得如何利用人工智能提高员工能力，如何构建高效的人机交互界面，从而在复杂问题解决和创新过程中发挥出“1＋1＞2”的协同效应。最后，构建和管理人工智能驱动的生态系统的能力也变得至关重要。未来的竞争不再是单一企业间的竞争，而是生态系统间的较量，企业需要利用人工智能作为连接器，与合作伙伴、供应商和客户形成紧密的价值网络，共同创造和分享价值。

与此同时，人工智能正在重塑企业的创新范式。传统的创新模式往往是线性和周期性的，依赖于市场调研、研发投入和产品发布。而人工智能赋能的创新则呈现出数据驱动、持续迭代和深度个性化的特征。通过人工智能对海量数据的实时分析，企业能够精准捕捉到未被满足的市场需求、发现新的关联和机会，从而实现更快速、更精准的洞察式创新。例如，人工智能可以模拟消费者在虚拟环境中的行为，预测产品接受度，大幅缩短产品设计和测试周期。此外，人工智能使得超个性化创新成为可能，企业可以根据每一个客户的独特需求和偏好，动态调整产品或服务，实现“单客定制”的规模化。更重要的是，人工智能能够支持持续学习和迭代创新。部署后的人工智能产品和服务可以通过不断学习用户反馈和运营数据，进行自我优化和升级，使得产品生命周期从“发布—迭代”转变为“持续演进”，企业由此能保持持续的创新活力。例如，一些基于人工智能的软件运营服务产品，其功能和性能会随着用户数据的积累和算法的优化而不断增强，形成强大的网络效应和竞争优势。

12.3.3 可持续发展：人工智能赋能的社会责任与伦理边界

微课： 企业必须面对的伦理挑战

在人工智能与企业业务深度融合的未来图景中，企业的角色将不再仅仅是经济价值的创造者，更将成为推动可持续发展和社会进步的关键力量。伴随着人工智能赋能带来的巨大潜能，企业也面临着前所未有的社会责任和伦理边界考量，这不仅是合规性的要求，更是构建长久商业信任、实现可持续繁荣的战略选择。

人工智能在实现环境可持续发展方面拥有巨大潜力。通过人工智能算法优化能源消耗，如智能电网管理、工业生产过程中的能效提升、垃圾分类与循环利用的智能化，以及基于大数据分析的气候模型预测和精准农业指导，企业能够显著减少碳足迹和资源浪费，为应对全球气候变化贡献力量。人工智能还能助力企业更好地管理供应链的环境风险，推动绿色采购和可持续生产。

在社会可持续发展层面，人工智能的应用同样能带来深远影响。例如，在医疗领域，人工智能辅助诊断和个性化治疗可以提升医疗服务的可及性和精准性；在教育领域，智能学习平台能够提供定制化的学习体验，促进教育公平。企业通过负责任的人工智能应用，可以在金融普惠、灾害预警、城市管理等方面发挥积极作用，帮助解决社会痛点，提升社会福祉。然而，这要求企业在设计和部署人工智能时，必须警惕并积极消除算法偏见，确保技术能够公平地服务于所有社会群体，避免加剧数字鸿沟或社会不公。

因此，人工智能赋能下的企业社会责任被赋予了全新的内涵和高度。这不是被动遵守法规，而是主动将负责任的人工智能原则内化为企业核心战略。这意味着企业需要建立并严格执行涵盖数据隐私保护，算法公平性、透明度与可解释性以及人类监督与问责机制的伦理治理框架。在技术创新过程中，企业必须始终坚守人类尊严、自主性和隐私权的伦理边界，并积极投入资源，对人工智能可能带来的就业结构变化进行预判和应对，通过技能再培训和内部转型，确保员工能够适应新的工作形态。

未来企业在追求利润的同时，更应将自身视为社会生态系统中的关键节点，通过人工智能的力量，不仅实现自身的经济增长，更能积极参与解决全球性挑战，推动实现联合国可持续发展目标（SDGs）。这要求企业超越狭隘的商业利益，与政府、学术界、非营利组织以及社会大众进行广泛而深入的对话与合作，共同探索人工智能的积极应用场景，审慎评估潜在风险，确保技术发展能够与人类的共同价值观和长远福祉保持一致。只有这样，人工智能才能真正成为推动社会进步和构建可持续未来的强大引擎，而企业也将因此赢得更广泛的社会认可和持续的生命力。

12.4 展望未来

在人工智能与企业业务深度融合的宏大叙事中，我们清晰地看到，这并非一场一蹴而就的变革，而是一个持续演进、永无止境的进程。因此，对于身处经济管理领域的企业和个体而言，持续学习与适应变革的能力，将成为驾驭智能化未来的核心竞争力与生存法则。

人工智能技术本身正以惊人的速度迭代，从算法的突破到应用场景的拓展，每天都在重塑着商业世界的图景。这种快速的变化性意味着，企业不能期望通过一次性的技术部署便高枕无忧，而必须将人工智能的引入视为一个持续推进的过程。未来的企业，其运营的核心将建立在对新知识、新技术的快速吸收与实践之上。这不仅要求技术团队的持续学习，更要求整个组织文化向学习型组织转型，鼓励跨部门的知识共享，并建立敏捷的试验机制，以快速验证和迭代人工智能解决方案。未能保持学习的组织，将很快发现自身被不断演进的技术浪潮所抛弃。

与此同时，面对由人工智能驱动的更具不确定性和复杂性的商业环境，构建组织韧性与战略敏捷性显得尤为关键。企业需要具备在数据信息指导下迅速调整战略方向、优化运营模式甚至重塑商业边界的能力。这种适应变革的能力，不仅体现在对外部市场变化的敏锐捕捉，也体现在对内部技术整合和人才结构转型的灵活应对，确保企业能够在一个不断被人工智能重新定义的生态系统中保持活力与竞争力。

人工智能与经济管理的融合所指引的未来，是一个由人机共创的时代。人工智能作为强大的智能引擎，将持续拓展人类能力的边界，释放生产力，提升决策质量。但是，人类的智慧、伦理判断、创造力和同理心，仍将是任何智能化系统不可替代的核心要素。因此，企业需要深谙如何有效构建人机协同的工作模式，培养能够与人工智能共同创新、共同解决复杂问题的复合型人才。

展望未来，我们必须认识到，人工智能的融合之路虽充满机遇，但也伴随着挑战。那些能够将持续学习内化为企业基因、以战略眼光拥抱变革、以负责任的态度驾驭人工智能的企业，将不仅会在经营管理上取得成功，更能在社会价值创造中扮演领导角色。这正是人工智能时代赋予经济管理领域从业者的重大使命，呼唤企业家在持续的探索和适应中，共同塑造一个更加智能、高效、公平且可持续发展的商业未来。

课后习题

1. 简述人工智能与企业业务融合的必要性与机遇。

2. 在人工智能与企业业务融合过程中，企业在技术和数据层面可能面临哪些“硬骨头”？

参考文献

[1] 郭朝先，方澳. 人工智能促进经济高质量发展：机理，问题与对策 [J]. 广西社会科学，2021(8)：10.

[2] 梁泳梅. 人工智能发展前沿与就业. 北京工业大学学报(社会科学版)，2025：1-6.

[3] 林建浩，孙乐轩. 大语言模型与经济金融文本分析：基本原理，应用场景与研究展望. 计量经济学报，2025，5(1)：1-34.

[4] 谢洪明，陈亮，杨英楠. 如何认识人工智能的伦理冲突？——研究回顾与展望 [J]. 外国经济与管理，2019，41(10)：109-124.

[5] 张兆翔，张吉豫，谭铁牛. 人工智能伦理问题的现状分析与对策 [J]. 中国科学院院刊，2021，36 (11)：1270-1277.

[6] Aghion P, Jones B F, Jones C I. Artificial intelligence and economic growth [M]. Cambridge, MA: National Bureau of Economic Research, 2017.

[7] Gans J S. Self-regulating artificial general intelligence [R]. National Bureau of Economic Research, 2018.

[8] Huang C, Zhang Z, Mao B, et al. An overview of artificial intelligence ethics [J]. IEEE Transactions on Artificial Intelligence, 2022, 4 (4): 799-819.

[9] Jobin A, Ienca M, Vayena E. The global landscape of AI ethics guidelines [J]. Nature machine intelligence, 2019, 1(9): 389-399.

[10] Ernst E, Merola R, Samaan D. Economics of artificial intelligence: Implications for the future of work[J]. IZA Journal of Labor Policy, 2019, 9(1): 1-35.